濱野智史｜著　蘇文淑｜譯

架構的生態系

——資訊環境被如何設計至今

アーキテクチャの生態系

前言

網路滲透社會已有十年以上的歲月了。其間，我們將各種「理想」與「夢想」託付給網路新媒體，從前有「新經濟」與「IT革命」，近幾年則有「Web 2.0」。此外，諸如「草根新聞」、「總表現社會」、從「自我賦權」到「Lifehack」——無論是從經濟論到媒體論，或從工作方法到人生觀等，網路已成為人們寄附各種大小希望之「依託」。

另一方面，我們也看到了許多人批判這種「理想」太過天真。伴隨著時常被使用的「網路黑暗面」這形容詞，網路被形容為是「犯罪溫床」或「廁所塗鴉」等，賦予了負面形象。

然而，不管是理想也好、反理想也罷，重點並不在於哪種觀點才是正確的。就算到了現在，仍然可以看到圍繞著網路的各種言論裡，有許多是論者把自我所抱持的印象直接投射到言論裡，所呈現出的紛雜印象觀。網海浩瀚，人們大可以挑選適合自己觀點的部分來陳述，因而現今關於網路的論點，被夾雜在肯定的樂觀論（optimism）與否定的悲觀論（pessimism）間，就好像是翹翹板般搖晃不穩。但這樣下去，有本有源的建設性言論卻無法展開。

此外，在網路相關書籍裡，許多都只是所謂的「使用指南」。這類書籍大多停留在以下這種結論：「無論什麼技術，依使用方法的不同將可能帶來危險的後果。請於常識範圍內適當使用。」只是，網路這麼迅速的在社會上普及開來，許多人紛紛使用，於是所謂的「常識」並未存在著固定的形式。請讓我重複一次，網海浩瀚，因此「常識」也時常會視情況來更動。

在這種情況下，已經沒辦法單純的去評斷網路的好壞了。究竟資訊技術帶給了社會什麼樣的變化？我們有必要適當的掌握住實際情況及架構。

至今為止，負責扛起這項工作的，（大體而言）可說是被稱為「資訊社會論」的學問領域，而本書大概也會被歸到這個類別吧！只是本書所觸及的，與此前的資訊社會論有著諸多差異。

從前的資訊社會論往往伴隨著巨大的歷史觀，資訊社會做為農業社會及工業社會的下一個階段而來臨，人們藉由資訊化（去工業化），能解決掉大量生產與過度消費的社會問題。而這種觀點與其說是為了要認識「現況」所提出的，還不如說是因為要好好看清即將到來的未來長什麼模樣，而導入的以數百年為單位的整體史觀與文明史觀。

至於近年的資訊社會論，則大半採取下列態度。資訊技術對於法律、經濟、政治與媒體等各種社會的子系統將帶來巨大影響。

比方說，法律上就會有著作權問題。簡而言之，資訊技術使得資訊財產的複製成本大幅降低，也因此資訊財產的著作權保護要比從前來得困難，於是大家便注意起法律問題。

而經濟面上，普遍認為藉由網路的出現，從小賣、流通業到廣告、媒體業，可能會出現截然不同於今的商業及組織形式。眾所周知的，就有近年以亞馬遜（Amazon）為首的電子商務及Google搜尋廣告，這些都聚焦了眾人的矚目與關心。

至於圍繞著政治與媒體的議論，則認為網路這種雙方向性媒體的登場，將會帶來重大改變。究其原因乃是至今為止，政治事項只能委託給「政治家」（代表制議會）與「官員」（行政機構）來進行，但從今而後人民可以直接在網路上交換意見，提高輿論度（民意）——也就是說，有可能趨近所謂的「直接民主制」——在某一部分，網路被人如此期待。

但讓我重申一次，本書與上述類型的資訊社會論極為不同。

本書主要是分析二〇〇〇年後，出現在網路這種資訊環境中的Google、部落格、2ch、Mixi、Winny、NICONICO動畫等各式各樣的網路服務。筆者主要以社會（科）學用語，將焦點擺在這些網路服務均以獨有的「架構」設計而成之特性（關於「架構」，將於第一章詳述）。藉由分析，讓各位了解每種服務均組成了其特有「社會」（人們的互動與習慣方式）的事實。

本書並沒有描述各種網路服務的「手冊」式內容，或是在各種服務上曾發生過的代表事件與重要人物等。本書的主角從頭到尾都擺在「架構」上。我想，藉由通讀本書，讀者應能了解二〇〇〇年代登場的這些服務，為何會吸引大量使用者，又為何會受大眾接納的背景；而從中應該也能獲得「如何設計出更好資訊環境」的相關見解及方向。

本書的另一個主題是著眼於「日本」之上。至今為止，關於網際網路（internet）與全球資訊網（WWW）的議論研究，通常都是由美國傳來的觀念。網際網路這項技術原本就是於美國誕生，之後才被傳到日本；因此，在某種意義上，這種情形是很理所當然的。

相對於這種情況，本書尤其想提出的是二〇〇〇年之後，日本社會誕生了特有「架構」的事實。在這之前，日本的資訊社會與美國相比，通常被認為「慢了一步」而遭到否定，但當我們想釐清資訊技術與社會間的關係時，去思考「日本」這個場所所帶來的影響，絕對是不可迴避的觀點。

也因此，雖然完全沒提到任何二〇〇〇年代的主要社會性事件，但從資訊社會的角度而言，本書的內容卻可以當成是「日本社會論」來讀。

著眼於「架構」、著眼於「日本」，這就是本書的企圖。接下來，就開始相關的論述吧！

第1章

什麼是架構的生態系？

千禧年代的網路風景

本書內容主要分析二〇〇〇年代登場的網路社群及網路服務，如果要具體列舉，那就是「Google」、「2ch」、「Hatena Diary」、「Mixi」、「YouTube」及「NICONICO動畫」。此外，像是不以「網站」（透過網頁瀏覽器顯示的資訊）形式出現，但卻屬於「網路」應用軟體的P2P（點對點）檔案分享軟體「Winny」，以及虛擬空間遊戲「第二人生」（Second Life）等，也都在討論範圍內。

雖然一下子舉了好幾個名詞，但在這些服務的統稱裡，卻沒有什麼正式的說法。在二〇〇〇年左右，這些服務被稱為「網路社團」或「線上社團」；而正如字面含意，這些被創造出來的字眼，指的是有許多人聚集在網路上的現象，但如今已越來越少被使用了。

這幾年尤其像是部落格及YouTube，常被統稱為「CGM」（Consumer Generated Media，消費者自組媒體）或「UGC」（User Generated Contents，使用者創作內容）。因為這些並不是由新聞業或電視、電影、音樂等「專業人士」所製作的媒體內容，而是由至今為止，單純作為消費媒體內容的「一般用戶」（業餘人士），透過了網路來傳播的資訊。——概略將這些事實以言語來表現的話，就出現了CGM或UGC等稱呼。

如何看待社會性應用軟體？

相對於這些稱呼，本書以「社群網站」這個源起於「團體網站」的衍生造字，來稱呼部落格及SNS（Social Network Services，社群網站服務）等網路服務，並作為區別。所謂的團體網站，指的是某特定團體共同（並為了合作）所使用的軟體服務。但社群網站，指的則是使用者的規模已經擴大到了「社會」（具體而言，以聚集數十萬或數百萬以上用戶為大略基準）的程度。

話雖如此，筆者這麼做的原因，並不是想以聽來專業的字眼，讓這個字流行起來。因為基本上本書討論的對象，與社會上稱為網路社團或CGM等名字的對象是一樣的，所以沒必要刻意使用別的名稱，而是希望以「社會性」的「應用軟體」來闡述部落格及SNS等網路服務，所以才會採用「社群網站」這個稱呼。

這是什麼意思呢？是說從現在開始，本書不將網路當成是「媒體」，而是當成「架構」來看待。所謂的架構（architecture），在英文指的是「建築」或「結構」（語源來自希臘語「arkhi—，開始」與「tekton，技術」），因此，筆者希望將網路上的服務與工具，當成是某種形式的「建築」，或是著眼於其「結構」。在這層意義上而使用了這個字眼。

而建立在網際網路這項基礎上的各種全球資訊網服務，也能看成是藉由資訊技術來設計與建構，用以支配人們行為的一種「架構」。換句話說，雖然網路服務並不伴隨著物理性的實體空間，但卻可以讓兩人以上的個人，從事某些行為與互動，因此可以視為是一種「場所」[1]。從這種觀點來看，部落格及SNS等網路服務，在資訊網路上所架構起來的「場所」，其巨大的程度已經足以被稱為是「社會性」的「社群網路」了。

不過，本書並不會以資訊工程的說法，來討論架構設計的「設計法」。意即本書並不是從工學觀點，來解釋部落格與SNS等應用軟體要怎麼設計的書。那麼，本書究竟是抱持著怎樣的立場與目的，來將焦點放在線上架構呢？

從「架構」出發的作用

其實架構這字眼並非我原創的概念。這個觀念主要是被用在資訊社會學的討論領域中，但這也只是近幾年的事而已。因此，圍繞這個概念的議論體系，並不如哲學、政治學或經濟學，已在長年累月中積累了相當程度的學問底涵。

然而筆者認為架構這概念，對於二十一世紀的社會而言無疑是項重要觀念。以下的說明稍長了些，卻是很重要的概念，我將盡力簡潔詳盡的說明。

首先，我們來了解「架構」這個概念的由來。「架構」這個詞是由美國憲法學者雷席格（Lawrence Lessig，一九六一—）在《網路自由與法律》（*CODE*）一書中提出的，他將架構這種概念，與規範（習慣）、法律、市場並列為控制人類行為與社會秩序的方法。之後，這項概念被日本哲學家東浩紀，比照傅柯（Michel Foucault，一九二六—一九八四）及德勒茲（Gilles Deleuze，一九二五—一九九五）等法國現代思想家的權力論，概念化為「環境管理型權力」[2]。

那麼，在什麼樣的部分，架構會等同於新「規範」或「權力」呢？舉個具體例子來說，近幾年演變成重大議題的酒駕問題，基本上被認為是引發悲慘事故的「壞事」。而在日本，只要一進了駕訓班，就有機會觀看某些描寫酒駕後人生慘白的記錄片式影片，讓人再次有機會確認「酒駕＝行惡」的觀念。以雷席格的話來說，這種訴諸人類價值觀與道德心的控制法，就可以被稱為「規範」。

此外，法律也明訂了酒駕的罰則，對於酒駕者課以罰金，或吊照、記點等懲罰。而人們判斷，如果受罰將會使生活出現重大不便，所以就盡力避免酒駕。而這就是透過了「法律」所形成的控制。

另外，近幾年日本也將酒駕罰金提高，這是期望人們產生「被罰這麼多錢實在很可惜，還是別酒駕」的判斷。嚴格說來，這雖然不算正確（一般而言，酒後開車的罰金，並不能算是由市場形成的物品或服務之「買賣」），但在訴求某種「經濟感覺」觀點上，這也算是一種透過「市場」形成的控制。

可是，酒駕的人還是絡繹不絕。最近似乎有愈來愈多人認為這項問題很嚴重，大家開始檢討要把罰則提得更高，但也覺得得做到什麼地步才有效，卻無從得知。

當前正在檢討的做法，是「在車裡導入酒精的檢測機能，如果喝了酒，就無法發動引擎」的控制法。只要採用了這種方法，基本上可以說能百分之百阻絕酒駕事故。（當然現實裡，可能會開發出很多取巧技術……）。

最後這種控制法就相當於雷席格說的「架構」。想要讓「規範」或「法律」的控制手法有效運作，事前必須讓受控制方，經過「內化」價值觀或規則的過程。但如果是「架構」，不管受控方擁有怎樣的價值觀或想法，就技術上、物理上來說，他／她都已經被封閉了行為的可能性。

日常生活的縝密控制

不過，光靠酒駕的例子還沒辦法說明得很充分。雷席格舉出架構的另一項特徵，是被控制者對於控制（者）的存在毫無所悉，於暗中被控制住。

上述提及的酒駕預防裝置，不論誰都看得出來機制的存在。但我們還是有其他方法，可以更巧妙的把機制給採行進來。

比方社會學家宮台真司就沿用了雷席格的理論，舉了速食店椅子硬度、背景音量與冷氣強度為例[3]。速食店的椅子不採用鬆軟的材質，而改採堅硬材料，讓客人無由來覺得不舒服，才不會待太久。而店內要是一忙亂了起來，就提高背景音樂的音量，並把冷氣調大，讓店內的不舒服指數在客人沒察覺的程度內提高，進而提升來客的流動率。而從客人的角度來說，只要不被告知「其實店家暗中這麼作」，客人也很難察覺吧！

因此，雷席格指出，在愈來愈商業化的網路世界裡，存在了這種藉由「架構」的控制法，來配合設計者的角度，往設計者想要的方向變更之危險性。

最明顯的例子，是防止與管理數位檔案盜拷的ＤＲＭ（數位著作權管理）技術，比如有防拷功能的ＣＤ[4]或保護機制Copy Once等[5]。違反著作權的罰則無論如何嚴重、再怎麼教育大眾這是違法的，流到Ｐ２Ｐ跟YouTube上的違法拷貝還是層出不窮。既然如此，乾脆一開始就從技術上讓這種情形無法發生。像這種讓法律無法完全作用的規制，在資訊空間裡充分發揮預期效果的做法，被法律學者白田秀彰稱為「法的完全執行」[6]。而雷席格在出版了《網路自由與法律》之後，批評這種保護著作權的「完全執行」，有可能阻礙自由創造與著作物的表現。因此，他開始著手於推廣積極擁護這類自由的運動「創用共享」（Creative Commons，ＣＣ）[7]。

追求架構的可能性

那麼，如果將上述的「架構／環境管理型權力」概念做個統整，重點就是：

①因為已經在「物理上」將任意行為的可能性給封鎖掉，因此可以省略向被控制者內化規則及價值觀的過程。

②可以不讓被控制者察覺到控制（者）的存在，於「無意識間」讓規則作用。

具有以上這兩點特徵。

更進一步來說，第一項特徵會隨著時間經過，顯現出第二項特徵的特性。就像剛才提到的「酒精檢測機能」之例，這種控制法在一開始出現時，無論誰都看得出它的存在。就好像是你走慣了的路上，有天突然出現了一道牆壁一般。因為出現了從不存在的規則，被規範者當然會感到不快。但只要規則出現了一段時間，它就會從「物理上」的制約，轉變成「自然的」制約。很多DRM技術剛出現時，可能也被人覺得討厭，但對於一開始就習慣了這些技術存在的世代，他們也許很自然就會接受這些技術的存在。

不過，本書雖然承襲了「架構等於環境管理型權力」的概念，但在討論方向上，卻跟雷席格有諸多差異。本書不會公式化的討論「要抵抗環境管理型權力」。因為眼下，我並不打算像雷席格反對著作權的強化管理般，搞些「反抗論戰」。理由很簡單，因為至少在部落格或SNS這些被稱為社群網站的世界裡，並沒發生國家或大企業這類存在「藉由架構，悄悄將規則置入我們世界裡」的情況。

反倒是我們對於「架構等於環境管理型權力」所擁有的「不需將價值觀或規則一一內化」、「在人無察覺間操作」的特徵，應該可以更肯定的看待、更積極去活用，不是嗎？如果這是雷席格所說的能與法律及市場並列為創造出「社會秩序」的手法，那麼在應用架構來設計社會的這件事上，我們便擁有了實現至今為止未曾嚐試過的許多可能性。

不管是架構也好，或環境管理型權力也好，都被人們披上一層「強制人遵循某些事」的制式看法。很不可思議的，人只要一聽到了「權力」這個字眼，就會覺得自己一定要去反抗，總覺得有些什麼會奪走我們的自由與主體性（自由意志）。這也許可以稱為是「權力偏斜」或「權力與自由的零和理論」[8]吧！

本書希望能從這種態度中，儘量更開放性的去思考——至少，在「壞人」利用這些架構，做一些壞到令人無法想像的支配手法前（怎麼聽起來好像陰謀論），我們當然要先自由的展開討論、了解各種架構的模式才行。而這，就是本書的基本態度。

架構的生態系圖說

最後，我想說明一下做為本書整體觀念的示意圖「架構的生態系圖」（請見第二〇一二一頁）。

這張圖主要把本書作為討論題材的各種二〇〇〇年後的社群網站，明顯的宛若生態系般組成出現的意象，以一張圖來表示。在圖的各個區域都標示了對應到書中的章節號碼，所以也能當成索引（目錄）來看。

至今為止及今後的全球資訊網歷史中，人們所會記得的千禧年代網路光景，搞不好是個由網際網路這種基礎建設，極迅速的在大眾化的層次上普及開來，帶動了各種各樣應用程式（軟體）的年代。而這張圖便將這種多元生態系的演變史，以如下的邏輯來圖示說明。

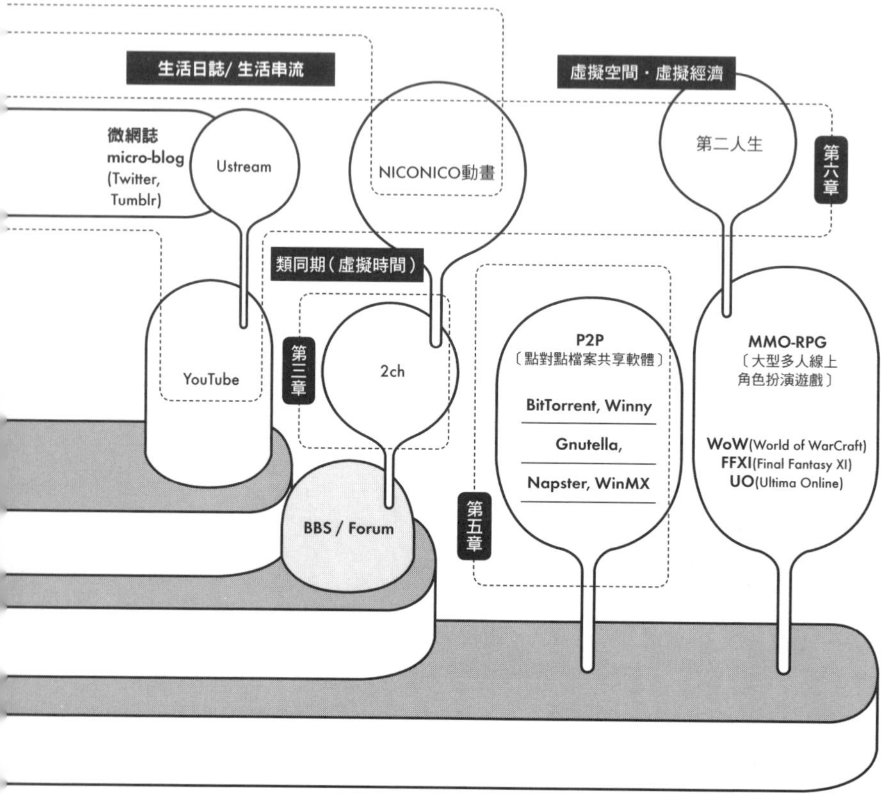
生活日誌/ 生活串流
虛擬空間・虛擬經濟
微網誌
micro-blog
(Twitter,
Tumblr)
Ustream
NICONICO動畫
第二人生
第六章
類同期（虛擬時間）
YouTube
第三章
2ch
P2P
〔點對點檔案共享軟體〕
BitTorrent, Winny
Gnutella,
Napster, WinMX
MMO-RPG
〔大型多人線上
角色扮演遊戲〕
WoW(World of WarCraft)
FFXI(Final Fantasy XI)
UO(Ultima Online)
BBS / Forum
第五章

架構的生態系

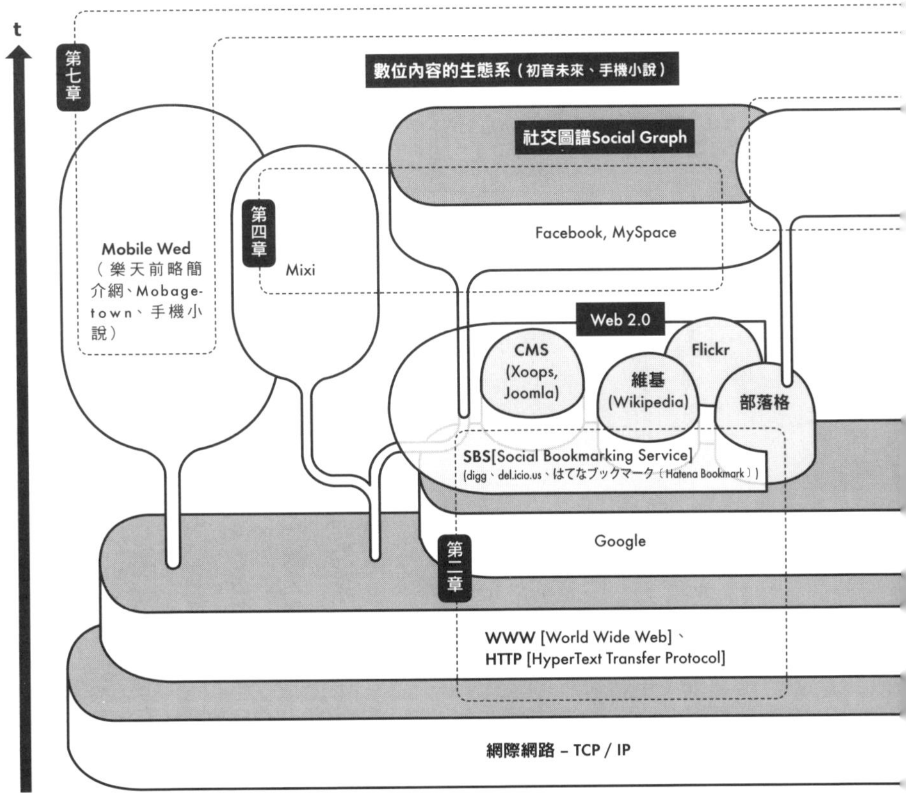
t
第七章
數位內容的生態系（初音未來、手機小說）
社交圖譜Social Graph
Mobile Wed
（樂天前略簡介網、Mobage-town、手機小說）
第四章
Mixi
Facebook, MySpace
Web 2.0
CMS
(Xoops, Joomla)
維基
(Wikipedia)
Flickr
部落格
SBS[Social Bookmarking Service]
(digg、del.icio.us、はてなブックマーク〔Hatena Bookmark〕)
Google
第二章
WWW [World Wide Web]、
HTTP [HyperText Transfer Protocol]
網際網路 – TCP / IP

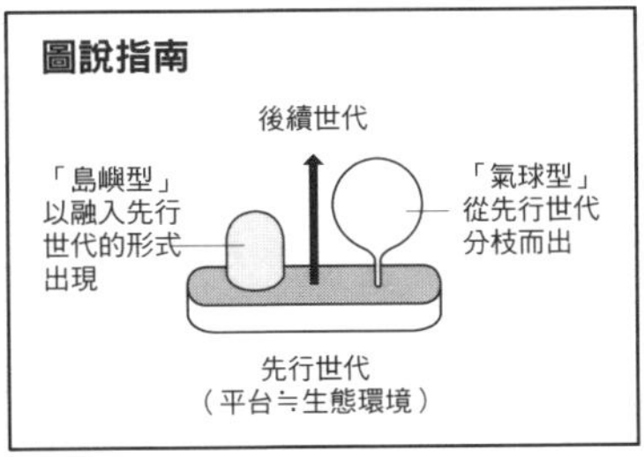
圖說指南
後續世代
「島嶼型」
以融入先行世代的形式出現
「氣球型」
從先行世代分枝而出
先行世代
（平台≒生態環境）

這張圖的主軸，是由下方往上延升的「時間軸 t（time）」。與一般所謂的歷史年表不同，這是像演化樹般，時間由下往上經過的圖示。

此外，這張圖裡畫了①宛如巨大「高台」般的區塊、②在其上好像「島嶼」般的區塊，以及③靠線來聯繫，好像輕輕飄浮著的「氣球」般的區塊，這三項要素。這是依照以下邏輯來表現的社群網站「分化」，或說「進化」的情況。

首先，某個社群網站藉由擁有大量使用者，擴大了在圖裡的區域。而這個過程，在相當於逐漸累積「使用者愈多，便利性愈高」的性質上，正是所謂累積「網路外部性」的階段[9]。

當這個累積過程一旦突破某種境況後，社群網站就會變成「高台」。換言之，就是會形成對後續世代社群網站來講的「平台」（底盤）。

在這個高台上又會誕生出新的社群網站。模式之一，是立足於先行世代社群網站普及的前提下，出現與之合作、協調而進行的社群網站。在這種模式中，後續世代（新世代）的社群網站，會以完全根基於先行世代這高台上的形式來出現，也就是說，會融入了上一個世代的生態環境。這種模式在本圖中被畫成了飄在高台上的「島嶼」。

此外，也有些情況是以從「高台」散枝出來的形式，形成了完全獨立的資訊圈。

這種模式，是當先行世代的社群網站，在有些使用者眼中具有某些問題時（或機能不足時），此時新的社群網站以解決問題的新型態出現了，並為人接受。圖中，把這種網站畫成了以細管從高地延伸出去的「氣球」。

社群網站成長成「高台」後，其上又誕生出其它的「島嶼」，或是在完全不同的場所中，形成了「氣球」般的閉鎖系統。而這一連串的「進化」過程，如果結合了國際標準化機構（ISO）所制定的「OSI階層模式」[10]及「生態系」與「演化樹」的比喻，最後表現出來的，就是「架構的生態系圖」了。

接著就從下一章進入這個生態系裡頭看看吧！

1 本書採取的立場，是根據雷席格所倡導的「架構」概念，將社群網站視為「場所」，而不視為「媒體」。與此做法相近的，有布蘭妲．羅莉（Brenda Laurel，一九五一－，美國加州設計學院藝術研究所主任）的《當電腦像劇場一般》（*Computers as Theatre*）。在這本書中，羅莉認為要設計電腦、介面與使用者這三者間的互動關係時，採取「劇場」或「戲劇」這種比喻極易了解。不過，本書主張的是「架構＝無意識間作用的規則」這種定義，所以並不採用羅莉所重視的「人們在有意識間，移入感情或行動」的戲劇理論。至於與「虛擬空間」相關的哲學議題，則受東浩紀在大約十年前寫的〈網路空間這名稱怎麼來的〉(《資訊環境論集》(情報環境論集)，二〇〇七年出版）之啟發。

2 東浩紀〈資訊自由論〉，《資訊環境論集》，二〇〇七年，講談社出版。（http://www.hajou.org/infoliberalism）。

3 宮台真司、鈴木弘輝、堀內進之介，《幸福論》，二〇〇七年，NHK出版。

4 防拷貝CD（CCCD）指的是經過了特殊處理，能防止音樂CD檔案被存取（複製）到電腦上的CD，在二〇〇〇年代上半期時，廣為各家音樂公司所採用。不過，因為反對聲浪愈趨高漲，目前已有許多企業停止或減少採行這種做法。

5 Copy Once是從二〇〇四年起，應用於日本數位電視上的「拷貝限制」功能。正如名稱所示，指的是「錄在硬碟錄影機等機器上的節目，只能拷貝到DVD等其它媒體一次」、「拷貝後，輸出方的檔案會消失」的機制。但相對於機制之嚴格，不滿的聲浪也愈演愈熾，因此從二〇〇八年起放寬了拷貝限制，導入了被稱為「Dubbing 10」的規範。

6 白田秀彰，〈資訊時代的保守主義與法律家的職責〉，《ised @glocom：資訊社會的倫理與設計之跨領域研究》倫理研第二回，二〇〇五年。

7 創用共享（Creative Commons）指的是為推動網路上的自由創作與創作活動，而公開及提供「創用共享授權」（CC授權）的做法。所謂CC授權，是由原創作者一開始，就將自己的創作物使用條件「授權書」給公開（比如「不允許用於商業用途之改作，但非營利目的則可自由改作」等）。

8 偏斜指的是人於無意識間，容易出現某些想法或行動模式、傾向。「權力與自由的零和理論」則是當權力增加時，自由便會減少；相反的，當自由增加時，權力便會衰退，這種權力與自由間形成零和關係的方程式（可參考宮台真司於一九八九年出版的《權力的預期理論》〔権力の予期理論〕）。

9 網路外部性（network externality）是經濟學用語，指的是當「電話」或「SNS」等某項資財或服務的使用者愈多（普及率愈高）時，對使用者而言的優點就更多。類似用語還有「網路效果」、「從眾效應」等。至於「外部性」，指的則是一個經濟主體的行為，不須透過市場便能影響其它經濟主體之意。

10 「OSI階層模式」是將網路通訊技術應具備的機能，分為七個階層（layer）組織，加以定義。這是依照國際標準化組織（ISO）標準化規格「OSI」（Open Systems Interconnection）為基礎做成。比如「網站」這個網路技術，就可以分成HTTP應用層（第七層）的通訊協議，下面是TCP傳輸層（第四層）與IP網路層（第三層）。再下來，則是無線區域網路（LAN）／乙太網路（ethernet）之資料連結層（第二層）及電話／光纖等「實體層」（第一層），如此的構造。架構的生態系圖，則參考了這種階層構造模式的「下層支撐上層」之意象。

第2章

Google如何在全球資訊網上架構起生態系？

● Web 2.0／Google／部落格

什麼是Web 2.0？

首先，本章想把重點先擺在二〇〇〇年代前半段時，普及開來的社群網站Google跟部落格，也就是以前一陣子的網路狀態為例，將重點先擺在所謂的Web 2.0現象上，這麼說，或許比較清楚。

另一方面，二〇〇〇年左右的這段時期——也許可以稱為Web 1.0，正是網際網路深入浸透社會的時期（日本網路的普及率超越全世代的半數以上，是在二〇〇一年）。如果要舉這前後的劃時代事件，有NTT DoCoMO在一九九九年開始的手機上網服務i-mode、亞馬遜於二〇〇〇年開始的日本線上購物網站，還有ADSL在二〇〇一年開始的Yahoo BB服務。

雖然網際網路迅速普及開來，但當時的上網速度還沒現在這麼快，在全球資訊網上流通的，主要是文字資訊，這就是那時代的資訊環境基本性質。而在這種狀況下，Google跟部落格這類社群網站究竟如何出現、又如何普及呢？這就是本章的討論重點。

不過，讀者們應該也很熟悉這些網路服務與工具，或許平常就有不少人在使用，所以本章也將僅就最低限度來解釋，儘量把重心放在本質討論上。

極其簡單的全球資訊網史

首先，先簡單說明一下什麼是「WWW」（World Wide Web，以下稱為「全球資訊網」）。

全球資訊網的特色，眾所周知，是在於它的「超連結」（hyperlink）與「超文本」（hypertext），也就是「可以在不同文本上『跳著閱讀』」的特質。但這種發想本身，其實早在全球資訊網出現前就有了。美國技術學家萬尼瓦爾·布希（Vannevar Bush，一八九〇—一九七四，美國工程師與電腦科學家）在一九四五年發表的論文〈思維之際〉（As We May Think）裡，就已經提過了全球資訊網的雛形想法「Memex」[1]。而受其影響，泰德·尼爾森（Theodor H. Nelson，一九三九—，美國社會學家、思想家與資訊科技的前鋒）與道格拉斯·恩格爾巴特（Douglas C. Engelbart，一九二五—，美國發明家與電腦先鋒）在一九六〇年代，開始將這項構思付諸實行。如今，這段經過已經成為教條般為人熟知的史實了[2]。

英國科學家提姆·柏納斯（Tim Berners-Lee，一九五五—）在一九八〇年代後期所開發的「全球資訊網」，正是將這種「超文本」構想，與被稱為「網際網路」的通訊系統結合後，創造出來的產物。這也是大家很熟悉的一段歷史。當時，柏納斯在研究機構CERN（歐洲核子物理實驗室）裡工作，而全球各地有許多研究員都跟他一樣，附屬在各大學與研究所裡研究。當時，柏納斯心想：能不能藉由網際網路之類的工具，有效的公開與分享論文等文書資訊呢？

當然，現在藉由電子郵件等方式，研究員間也可以分享文件檔案。但這麼做的話，只要一有新文件就要重送一次電郵，非常沒效率。我想時常用電子郵件來傳送檔案的人應該都了解，若採用這方式，最後會有好幾個檔案四處傳送，很難知道最新檔案是否被確實的送給了每一個人。

既然如此，不如把所有文件檔案統統集中在同一個伺服器下管理吧！但這下又有新問題產生了，究竟「這一個」伺服器應該由誰來管理及整頓呢？當時為了解決這問題，開發出了「WAIS」與「Archie」等分散型文書搜尋系統，可是，最後檔案變成分散在好幾個伺服器裡，使用者只好常去整理「索引」，因此，這也不算是什麼有效率的方法[3]。

那到底該怎麼辦才好？原本網際網路就是一種「自律、分散」型的系統，基本上，在不同地方設置了電腦，各別由不同管理者來管理這些伺服器，而伺服器間則由網絡連結，是如此的結構。而柏納斯心想的，是讓每個研究員把自己的文件放在自己管理的伺服器上，當其它研究員有需要時，就自行去對方伺服器讀取（取用），而這就是全球資訊網的基本構想。

接著，為了呈現「什麼伺服器上有哪些檔案」的資料所在，開發出了「超連結」與「URL」等方法。

被譽為「日本網路之父」的村井純，對於「網際網路」中的全球資訊網連結方法，曾做了以下說明：

> 準備過某一項資訊的人，對於那項資訊會很清楚，所以，大家互相去指出需要的資訊在哪裡吧！只要循著指示的方向前去，最終，資訊將被彙整起來，而這一切，都是透過眾人的平均努力而成。
>
> ——村井純，《網際網路》，一九九五年

也就是說，為了讓分散在全球各地的檔案，藉由「在這裡喲！」的方式來指出必要資訊所在，讓使用者可以馬上跳到讀取頁面，於是設計出了全球資訊網與超連結。

Google帶來的影響

之後，在全球資訊網的歷史上，除了文章外，還能顯示圖片的「網頁瀏覽器」也隨之登場了。更進一步的，不只在大學研究員間，網際網路更滲透到一般使用者間，擁有愈來愈多的用戶。這種情況，從現今只要一提起「網際網路」，大家就會跟「全球資訊網」畫上等號的情形也可以看出（其實前者是通訊層，後者是在前者上所進行的應用，所以網際網路並不等於全球資訊網）。

在象徵九〇年代全球資訊網情況的用詞中，有一個「死語」叫做「網路衝浪」（Net surfing）。現在幾乎已經聽不到這個詞了，但簡要來說就是形容像「衝浪」般，按下一個又一個網上的超連結（以下簡稱「連結」），然後連到各個網站的行為。

但這種「超連結，等於用手指」的資訊共享方式，隨著文件數量愈趨龐大，資訊量也超出了可處理的範圍，也就是所謂的「認知侷限」（赫伯特．西蒙〔Herbert Alexander Simon〕）。簡而言之，當文件的檔案數量太多時，要去找出什麼文件放在哪裡、指出「在這裡喲！」，然後去看被指出的檔案，這種過程已經超出了人類認知能力的侷限，因此，搜尋引擎這項工具便隨之登場了。

當時的搜尋引擎有「雅虎」（Yahoo）、「infoseek」與「goo」等，但這些仍是靠人力蒐集來的資料，一下子出現資訊量不夠的問題，一下子又是搜尋技術不純熟，基本上機能不算是很好。於是，在「網路衝浪」的時代裡，當使用者發現了一個喜歡的網頁時，就要先把它存進「連結」，然後再去找下一個網頁，這就是當時普遍的瀏覽方式。

這種方式在Google登場後產生了劇烈變化。遠在二〇〇〇年前，Google的原型便已經在美國開始提供搜尋服務。而Google的名號，在日本靠著口耳相傳為人所知的時間點，則是在二〇〇〇年左右（Google在日本成立法人，是在二〇〇一年）。附帶一提，筆者首次接觸到Google，是在二〇〇〇年時。我還記得那是大學學長，以口頭的方式告訴我。

當時我最震驚的，是Google的搜尋結果之精確；所以我馬上把它加入了書籤（一種記錄網頁地址的機能），並設定成只要一啟動了瀏覽器，就會自動連到Google首頁。這些機能在如今已經很普遍，但當時跟其它眾多的搜尋引擎相比，Google給了我能提供壓倒性正確結果的印象。

網頁排名的做法

讓Google的搜尋結果精確度這麼高的原因，正如大家所知，乃歸功於它的「網頁排名」機制。

關於這項機制現在已經有了許多相關說明，我想很多人應該都很清楚。如果簡略的把它分成三階段來說明，那就是①Google利用被稱為「Googlebot」的網頁自動檢索漫遊器，追蹤所有存在全球資訊網上的龐大網頁「連結關係」（從哪裡的哪個網站連過來）；②藉由「被許多網頁連結的網頁，會被視為重要」、「其中如果有來自重要網站的連結，則這個網頁的重要性更加一等」的這種演算法（algorithm），來把眾多的網頁排名；③基本上，排名高的網頁會出現在Google搜尋結果的上方[4]。

其中，特別重要的是第②項將重要性排名的作法。這個手法最具開創性的部分，在於它不是藉由網頁上的「內容」來判別重要度，而是把著眼點擺在了超連結這項跟文章「內容」沒直接關係的部分。既然只以超連結來判別網頁重要度，那麼，基本上不管網頁是英文也好、是日文也罷，只要是能在全球資訊網上當做搜尋對象的文章，所有網頁都會依照相同機制來判別重要度。而這項特性也是這個機制的優點。

這種網頁排名機制，實際上被以圖形理論（Graph theory）等數學手法加以闡釋過，但由於不容易為一般人了解，因此也出現了其他說明機制的各種比喻。

像是Google自己就把這種機制比喻為「投票」。

從網頁A導向網頁B的鏈結，被看作是網頁A對於網頁B的支援投票，Google會依據這個投票數來判斷頁面的重要性。可是Google不單單只看投票數，也就是不會只看鏈結數，也對投票頁面進行分析。由「重要性」高的網頁投的票，評價會更高，而接受這個投票的網頁，則會被視為「重要網頁」。

——〈Google的人氣祕密〉，Google官網

Google這種宛如「投票」式的機制，與它登場前，一直是搜尋引擎代名詞的雅虎「Directory登錄制」相比，也就是跟由雅虎公司在審查與判斷過網頁後，將認為「重要」的網頁，登入到雅虎搜尋清單的方式相比，Google的做法被形容為是「民主主義式」。亦即，比起只有管理登錄（搜尋對象清單）的人能掌握實權，Google這種誰都能自由投下一票「重要度」的做法，是比較公平的機制。

讓我們來看一下維基百科（Wikipedia）中，關於「網頁排名」的解釋，上頭寫著「網頁排名演算法的構想，類似於以引用數來評價學術論文的做法」。在學術論文的世界裡，代表一篇論文被其它論文引用的「被引用數」，是被用來評價論文重要度的依據。既然網路原本就是開發來做為論文公開與共享的系統，那麼，這種比喻或許再自然不過了。

把Google的存在，有效宣傳到日文圈的評論者之一的梅田望夫，在其所寫的《網路進化論》（ウェブ進化論）裡，把Google描寫為實現了「以神的觀點看世界」的存在。

但站在「神的觀點」上的，最終都只有Google而已，這是很重要的一點。梅田如此寫道：「所謂搜尋引擎，是使用者把想搜尋的字眼打進電腦後，便會出現相關資訊的服務。這是從顧客方便性的角度上來看的一種極為平常的解釋。」如果讓筆者補充說明，意思是說並不是只要使用Google，就能讓每位使用者都站在「神的觀點」上。使用者並不會因為用了Google就能站在「全知全能」的地位，瞬間看清網路世界這充滿了龐大資訊的各個角落。不管如何，唯一能站在這種地位上的，只有利用網頁排名等機制來搜尋全球網路、並加以彙整的Google而已。

什麼是Google的本質？——集體智慧的合力與貢獻系統

Google的運作機制被人以「民主主義」、「論文引用」與「神的觀點」等各種比喻來說明，其中，筆者認為從架構角度，將Google的特徵說明得最完善的，是Web 2.0的倡導者之一提姆．歐萊禮（Tim O'Reilly，一九五四——，歐萊禮出版公司創始人）。歐萊禮在Web 2.0的論述中，形容Google因為善用「集體智慧」，而一躍成為任何人都認同的搜尋市場龍頭[5]。

首先，歐萊禮說明「全球資訊網的基礎，建立在超連結上」，接著，他闡述「使用者追加了新內容與網站後，其他使用者發現這件事，也跟著追加到自己的連結上，之後，這些內容與網站便被內化到全球資訊網的結構中。這就像是腦突觸，在反覆刺激下被強化，藉由網路使用者的全體活動，邁向有機成長。」我先前也提過，在Google前的Web 1.0時代，是由網路使用者直接跟對方說「這個網頁很有趣喲！」（等於連結）來互相傳遞實用資訊。而這種做法其實就是一般所謂的「集體智慧」，也就是集結眾人心智的狀態。

歐萊禮在別處說明以Google為首的Web 2.0應用平台時，又以「參與式架構」這種說法來表現。這是一種「透過使用者使用應用平台，來蒐集用戶資料，提升應用平台價值的做法。」而歐萊禮表示「這其中交織著合作倫理」。

先前已經說明過，Google的搜尋演算法是「藉由分析網路的連結結構，來演算出優異的搜尋結果」。換句話說，就是Google將使用者「貼上連結」的動作，當成是提高自己搜尋精確度的「合作」，或說是「貢獻」，在使用者不知不覺間將其利用。

如果將上述歐萊禮的說明，與下面梅田分析的內容相比，應該會出現有趣的觀點。梅田在《網路進化論》中，提到雅虎跟Google在哲學上的不同處，是在於「人類介入的程度」。搜尋引擎雅虎是藉由人類的手來選出好的網站，像電話簿的分類記載般，以「登錄」方式來架構起它的搜尋系統。相反的，Google卻以全機械化（自動化）的處理方式，來提高搜尋結果的精確度，並經營廣告系統。其中，完全不經由人類之手。梅田如此指出。

但梅田這種說法在單指Google時可以適用，如果考量到Google是與全球資訊網連動的社群網站時，這種說法就會出現破綻。為什麼呢？因為Google之所以會有優異的搜尋結果，再怎麼說，都是建立在人類於網路上搜尋資訊，再藉由連結來標示的這種行動結果（合作結果）。的確，Google是自動分析網路上連結構造的人類行動之結果，就這層意義來說，它並沒經過人類之手。或者說，它並沒有「直接的」經過人手。但如果不再透過人手於網路上張貼連結，那麼Google提高搜尋精確度的機制，想必也就會從根瓦解。因此，其實能說Google是「間接的」得到人類之手的協助。

綜上所述，在Google讓人間接且無意識付出「貢獻」的特點上，歐萊禮對於Google的闡述，精準的掌握住架構的特性。只是，現在大家都很清楚Google網頁排名機制，因此與其說是「無意識」，反而也出現了「有意識」利用機制的使用者。比方說想讓特定網站出現在搜尋結果上方時，就有著名的「SEO方式」。這種方式的其中一種，是「張貼連到特定網頁的連結」。例如，在網誌的回應或引用（trackback）欄裡，貼上大量連至特定網站的文章。這種所謂「垃圾連結」[6]的鍵連，已經被發現會干擾搜尋結果的精確度，因此Google也很積極防範，可惜結果停滯不前。看來，似乎很難完全解決這個問題。

Google是機械還是生命？——梅田望夫vs.西垣通的論爭

關於Google的架構，已經展開了各種討論與研究，我只想在這裡提起其中的一項，那是由倡導「基礎資訊學」的西垣通寫的《如何在網路社會裡生存》（ウェブ社会をどう生きるか）。在書中，西垣針對梅田說的實現了「神的觀點」之Google，提出了批判。他認為，搜尋結果只是「機械資訊」的匯集（資料庫）而已，無法稱為「生命資訊」（或社會資訊）。「機械資訊」與「生命資訊」在西垣所提倡的「基礎資訊學」中，是最根本的概念。至今為止的資訊理論與溝通理論，都將「傳達資訊」的現象（比如在克勞德・香農著名的數學理論中[7]）比擬成傳訊者向受訊者送出一封信或包裹般的，咚一下就送達了。但這種概念被西垣評為是「機械資訊」。因為在人類社會裡的資訊傳遞與分享，是一段含有雜音與誤解的過程，怎樣都不會像「機械資訊」般那麼單純。而這段過程，只能視為是生命體與「環境」間震盪出知覺與作用後，所獲得的「生命資訊」，這就是西垣的主張。

在這種不同差別下，西垣認為Google只不過是「機械資訊」的彙集，而非梅田等人所讚揚的「能改變人類社會」般的存在。但在筆者的想法裡，西垣這種批評只對了一半，另一半卻錯了。

的確，Google正如西垣所說，其背後的運作機制是由「機械資訊」所組成的。不管它的搜尋結果再怎麼精準，都是建立在機械式的演算法上。何況它也像西垣所評論的，並不是所謂的「人工智慧」。雖然梅田以「實現了神的觀點」來比喻，但這種表現方式，會給人一種Google已經實現了超越人類智慧的「超理性」印象。但實際上，Google是透過網頁自動檢索漫遊器來追蹤超連結，藉此進行細密的分析作業而已（勉強來說，Google這種社群軟體，可說是將人類張貼連結的行為，加以利用的軟體）。所以，Google並沒有誕生出「人工智慧」，也沒有達到了比美神的豐功偉業。在這點上，西垣的批判是正確的。

但另一方面，若說Google只提供了「機械資訊」，卻有錯誤。因為，Google將網路上的人究竟連結了什麼資訊的這些邏輯資料，以網頁排名的方式來分析，並反映到搜尋結果上。意即出現在Google搜尋結果上方的資訊，是已經被許多人指出並評價過的網頁。也因此Google的搜尋結果精確度之高，被人們讚嘆，如今已經成為使用網路時不可或缺、宛若「空氣」般的存在。

在筆者的想法中，Google變成這種「自然不過的」存在之事實，其實就意謂著它是「生命資訊」的提供者。西垣在解釋「生命資訊」時，借用了生物學家烏也斯庫爾（Jakob von Uexküll，一八六四—一九四四，德國生物學家）的「環境世界」概念[8]。其說法是，從人類到壁虱，每種生命體都有各自固有的感覺器官，也各自以完全不同的

「世界觀」來與世界互動。既然如此，Google的存在對於網路上的仲介者（資訊體）而言，在提供與Google出現前截然不同的「環境世界」這層意義上，當然不是「沒有」「連貫性」（生命資訊），反而可以說是「組成了」連貫性。

什麼是部落格的本質？①——便於Google搜尋的網站

接著，來看一下「部落格」的情形。目前也已經有許多關於部落格的闡述，所以，我只想以最低限度從架構進化的觀點來加以說明。如果只提一個特性，那我想可以總結成，部落格會自動讓機制成為「便於Google搜尋的網站」這項特點。

這是什麼意思呢？如上一節般來參考一下歐萊禮與梅田的主張吧！無論是歐萊禮或梅田，在提及技術特徵時，都舉出了被稱為固定網址（permalink）的特性。固定網址在日本又被稱為「固有連結」或「固定連結」，也就是可以將部落格文章以單元發布的URL網頁。藉由這種固定網址，現在當你在別人的部落格上看到什麼有趣文章時，你就變得可以在自己的部落格上，貼上連結到那篇文章的鏈結。

我剛剛寫「變得可以」，是因為固定網址現在已經是非常普遍的「機能」（或許說成「存在」還比較適當），因此在說明架構特性時，讀者也許不容易理解，我想在以下說明。

從前還沒有各種部落格工具時，基本上當個人在經營與更新網站時，都要經過一連串動手編輯HTML（Hyper Text Makeup Language，製作網頁時所用的語法），然後再上傳到網路伺服器的過程。但靠手動來更新網站，每寫完一篇短文，就要不厭其煩給它一個URL。所以大家通常的做法，會把某些文章放在一起，例如「二〇〇八年七月日記」一樣，然後給它一個URL（然後日期不同時，就要重貼一次「錨點超連結」（可以在文章途中跳到別的段落之連結」），這是一般的更新程序。

可是這種「在一篇網頁裡夾雜許多文字」的方式，並不適合搜尋引擎的特性。例如，當你打進「濱野智史」這幾個字去搜尋，在搜尋結果裡，你打開了不知道是誰寫的某篇「二〇〇八年七月日記」的網頁。但這個網頁裡，寫滿了一整個月份的日記，這麼一來，你很難找出跟「濱野智史」有關的事，到底是寫在網頁的哪個角落。針對這點，如果有了固定網址這種機制就比較容易從較短的文章中去找出相關資訊。

也就是說，固定網址這機制是將網頁的訊息分成細微的段落，對於提升「指出」資訊所在的連結效能（價值）有所幫助。此外，貼上連結之後，可以讓被連結者收到通知的「引用」機能，也是眾所孰知的部落格特有之連結功能。這項功能其實就是讓被引用的部落格，與引用的部落格間，自動形成「互相連結」的狀態。

什麼是部落格的本質？②——SEO對策的自動化

部落格「便於Google搜尋」的另一個特徵，是會自動執行上一節中提過的SEO對策。在使用部落格時，格主不但不用自己一個個去寫好HTML，部落格還會自動將內容轉換為適合Google等搜尋引擎搜索的HTML。舉例來說，搜尋引擎的網頁自動檢索漫遊器，在一開始時，會預設文章重點出現在HTML的「標題」或「索引」裡，然後去分析搜尋的對象網頁。所以，如果把HTML正確的標好，對於提升搜尋結果來說，其實是很重要的事，而部落格可以幫人自動處理好這些作業。

伴隨這種效果而來的意義，在一九九六年出版的《網路所改變的世界》（インターネットが変える世界，古瀬幸廣、廣瀬克哉）裡也得到了佐證。這本書指出由於日本很多人都不好好寫HTML的標籤內容，所以當時的搜尋引擎出現了沒辦法好好找出正確資訊的問題。

比方說，〈h1〉這個標籤原本只能被標示在相當於文章「索引」的部分，如果大家都好好遵守這種規則，那要做出全球HTML文章的索引表就會很容易。但現實上，有些人只基於想讓文字在瀏覽器上看來較大的這種設計理由，便使用〈h1〉標籤，結果，跟索引毫無關係的垃圾資訊便夾雜其中，使得搜尋引擎無法發揮作用。

那要怎樣才能讓搜尋引擎好好作用呢？這得要這些使用HTML語法的人，都好好學習正確語法，並且遵守語法的規則。可是實際上，要後來加入網路的新使用者都從頭學習語法規則，其實是件很不實際的教育工程。而在這種情況下因應而生的就是部落格這種架構了。只要使用部落格，就算是對HTML毫無所知的人，也能自動發表正確的HTML文章。也就是部落格並不是透過規範，而是藉由架構來實現「寫出正確HTML」的這種集體行動。

但部落格的這種「SEO對策」特性，與其說是基於上述理由而被開發，還不如說是因為部落格發表的HTML，由於依照（W3C這個標準化團體）提倡的「正確」語法來製作，所以變成了容易被搜尋引擎檢索的對象。這麼說應該比較符合實際情況。只是就結果而言，部落格因為擁有這些特徵而容易被搜尋引擎檢索的特性，其實是後來才被發現的。現在可能不容易感受到這點，但在部落格開始普及的二〇〇二到二〇〇三年左右，部落格使用者間，透過經驗，發現寫在部落格裡的內容很快就會出現在Google搜尋結果的上方。

除此以外，部落格的特徵還有能自動發布記載了網站索引與摘要等元資料（metadata）的「RSS」。這個功能讓人能透過RSS閱讀器，快速且完整的閱讀，也便於應用到其它網站內容上。此外，還有彙整部落格更新情況的「ping」，能把資料迅速登錄到搜尋引擎的追蹤對象中。而這些特徵，不管是搜尋引擎也好、或是透過人眼也好，對於提高資訊「容易搜尋」、「容易發現」與「容易指認」的使用便利度上，都有所貢獻。

正如梅田那句非常著名的「總表現社會」，就說明了部落格所造成的社會及媒體結構之改變。此前對大眾發表文章的，只有極少數在媒體權勢下被允許刊載的專業寫手，但藉由部落格，一般人也能擁有屬於自己的資訊發布媒體。當然，在大肆宣傳「網站能讓你向世界發聲」的九〇年代時，就已經提過了幾乎一模一樣的論調。

不過，梅田說的這種「總表現社會」之所以會出現，其關鍵在於他形容為「不特定多數無限」的龐大文字資訊，在透過了Google等搜尋引擎的搜尋後，得以從「玉石混淆」的狀態，被篩分成「玉」跟「石頭」。也就是說，如果一般人寫的文章，基本上是素質低劣的「石頭」，而且數量龐大，那麼只要有能夠輕易挑出「美玉」的機制，就能順利進行挑選與篩檢。

為什麼部落格的存在感會愈來愈強？

梅田所主張的這種「部落格肯定論」，時常被「部落格否定論」的人批評為「部落格根本只是一些外行人所寫的玩笑話而已」。像一直對網路文化提出了許多傑出介紹的山形浩生，就曾寫過他對於部落格剛出現時的印象。

當初（二〇〇二年秋天）伊藤穰一那些人一直嚷著部落格部落格的時候，我身旁許多使用者都不了解其中奧妙。當時，已經有了類似個人日記的網站，而架設留言版也很簡單，所以，我們不覺得部落格這種形態將會帶來什麼新的好處，更別提說像某些人嚷嚷的，說什麼部落格能改變世界、會帶來網路革命什麼的，這些事我完全無法理解。的確，部落格已經有了現成的版型，也很容易上傳文章跟照片，但我沒想到居然會帶來那麼大的改變，也沒想到，這會把網路的門檻降低成很多人都能在網路上發表創作的程度。那時候，在網路上寫日記的風潮已經過了，對這些事有興趣的人其實都已經嚐試過了，所以，我沒想到光降低一點點門檻，就會讓新的使用者進到這個世界來。

——山形浩生，《總而言之》，二〇〇八年

部落格之類的根本就不怎麼樣，也不是什麼新玩意。在部落格這個字眼剛出現的時候，冒出了很多這一類的意見。但就連山形自己也承認，「就像之後的歷史表現的，我的想法當然是錯了。」這一段之後的「歷史」，被山形以極其嘲諷的口氣懊惱描繪：「那些大家想都沒想過會出現的外行大軍，就拿著手機拍照跟行動電話當武器，拼死拼活的量產了一大堆想都想不到的低等部落格」、「對於會寫一點HTML語法的網民來講，這只能說是自己的地盤被人跑來辦家家酒一樣的玩鬧，不過，家家酒也有家家酒厲害的地方啦！」

部落格常被人用這種冷笑的目光來看待，當然，這種情況並不僅限於部落格，像是全球資訊網也一樣（連電視、報紙跟書剛出現時也如此）。當一種新媒體出現時，上一代總會拋來這種視線，我想，這麼說應該沒錯吧！

不過，筆者在此並不想站在肯定部落格或否定部落格的任何一邊。我想在這裡，重點是兩者都認同的：部落格的內容品質不管好壞，都能藉由搜尋引擎吸引到大量目光。如果不是這樣，那一開始就不會出現嘲諷式的「否定」部落格言論了。

那麼，為何部落格的存在感會愈來愈強呢？依據山形的說法，「部落格這種東西不可能普及」的想法之所以看走眼，是因為部落格能自動寫成HTML語法的工具特性。即使「從我的觀點來看，可說把技術門檻降低得毫無意義」。但「從世人角度而言，這種進入門檻的降低，卻宛如天壤之別」。的確，這可以說是一項重點，但筆者在此想補充的是，部落格成長至社群網站的原動力，其實完全在於它的架構特性（部落格的固定網址跟Google的網頁排名相容性）。

這個意思就跟先前說明過的一樣，是因為部落格具有讓Google容易搜尋的架構特性。在部落客中，的確有些人只會寫些品質低落、純粹碎唸的文章，但也有人可能胸懷大志，創作了品質極佳的文章。不管哪一種，由於部落格裡的文章容易被Google搜尋，因此只要搜尋一下，很容易就能找到。有時某人的文章被另一位部落客看到了，在某種理由下被判斷為「想連結」後，這兩個部落格間就建立起了連結關係。而Google的網頁排名機制，時常會去分析這種部落客間的連結，接著，這個部落格就更容易被搜尋了—

—Google跟部落格間，組成了這種相互影響的「回饋迴路」關係。而歐萊禮對於這兩者的相互強化關係，提出了下列說明：

搜尋引擎為了獲得正確的搜尋結果，會利用連結構造。因此，在適當時機點大量貼上連結的部落客，會對製造搜尋結果，產生出重要作用。此外，社群部落格是極端自我指涉的，只要部落客注意到其它部落客的存在，那麼，整體部落客的存在感與影響力就會增強。

——提姆．歐萊禮，《Web 2.0：新世代軟體的設計模式與商業範本（上冊）》，二〇〇五

歐萊禮在此形容的「自我指涉」，指的是「部落客迷上了部落格的世界，喜歡在自己的圈子裡聊天、跟志同道合的人互相連結」的這種狀態。而歐萊禮想表示的，是從旁人眼中不過是部落客間（借用梅田的說法，是「不特定多數無限」的）「互相嬉鬧」的集體行為，透過了部落格與Google這兩種架構的相互作用，造成了勝者生存的「淘汰」體系。

雖然「淘汰」這個字眼，給人一種只有好的文章才能留下的印象，但實際上，文章

的「品質」（機能）卻與情況極度相關。比方說，不管內容多「低劣」的網頁，如果在有效喚起大眾「想看它會爛到什麼程度」的欲望上，擁有極為「傑出」的內容，那麼，當很多網站連過來後，大家就會更知道它的存在。所以在判斷「玉」跟「石頭」的價值標準本身，至少在「玉石混淆」時，並不存在任何固定的基準。

「全球資訊網→Google→部落格」的進化過程

以上看到的是從「全球資訊網→Google→部落格」一個個新的社群網站登場並擴大了存在感（使用人數增加）的過程。現在，讓我們先將這種過程依照下列方法來整理一下。

首先，Google這個社群網站注意到了上一代全球資訊網的連結特性，於是利用人們在網路上互相連結的集體行動，來提升自己的搜尋精確度。接著，在Google後頭出場的部落格，則藉由製造出最適合SEO對策的HTML，讓使用者不管實際上寫了什麼內容，都能自然的發揮容易被Google搜尋的效果。

當我們反過頭來，站在一九九〇年代起就存在的全球資訊網的立場，在它之後出現的Google這項優異的搜尋引擎，剛好扮演了解決它本身問題的角色。基本上，當社群網站的使用者愈多，它本身的便利性就會愈強。而當有愈來愈多人利用全球資訊網這項媒體來發送訊息時，全球資訊網的整體價值（全球資訊網能對使用者產生價值的可能性）便會提高。但同時，全球資訊網上的訊息愈多，無益的雜訊也會跟著增多，而要區分雜訊與實用資訊的成本便會相對提高。所以，Google的登場可說解決了這種社群網站巨型化後伴隨而來的問題。

再緊接著登場的部落格，更讓使用者間頻繁察看對方網站，一發現什麼好玩的資訊，便立刻連結的這種「自我指涉」動作，形成對Google搜尋精確度（首先是某人發現了有趣的資訊，之後Google便追蹤這項發現結果〔連結構造〕，將其登錄到自己的搜尋目錄裡）有所貢獻的結果。

若以抽象手法來表現這些社群網站的成長與進化過程，則會如下所示：首先，依照時間順序排成「全球資訊網→Google→部落格」。這些箭頭關係可說成是「新世代（後續世代）的社群網站，活用舊世代的架構特性，並採行最適合架構的機制，來提升自己的機能與價值」。

相反的，如果把箭頭倒過來，變成「全球資訊網←Google←部落格」，那這些箭頭關係就變成是「後續世代的社群網站，對於再提升舊世代的機能有所貢獻」。也就是說，新舊世代的社群網站，彼此會促成對方成長並互相支援。亦即，可以看成是「共榮」的構圖。

呈現「生態系」的三種現象

這種社群網站在網路上的進化及成長歷程，在近幾年裡，尤其是在英語圈中，被以「生態系」這種比喻來說明。由於這個字眼也是本書書名，因此我想解釋得清楚些。

「生態系」的比喻，主要是指以下三種現象。

①人與資訊的流通

之前我已經說過，網路上透過連結來發現與分享資訊，然後被連結愈多次的資訊，就更容易被人發現的這種「自然淘汰」機制，一直在作用著。而英語圈特別喜歡以「迷因」（Meme）來表現這種機制。迷因這個字是英國動物學者理查・道金斯（Richard

Dawkins，一九四一——）在《自私的基因》（*The Selfish Gene*）裡提倡的概念。他將資訊在文化與社會中傳播及定型的過程，比擬為「基因」般的存在。

當然，被道金斯稱為「迷因」的實體，其實在顯微鏡裡看不到，所以人文與社會科學領域（除了一部分例外），基本上都只把這當成是一種比喻而已。但如果我們把自己置身於網路資訊流通的空間中，那麼，我們的確能感受到迷因這種自然淘汰正在發生。而這種感受到的空間，其實能用英語圈創造、並且時常用來代表部落格整體世界的「部落格空間」（blogosphere）這個字眼表現。

另外，就是在被稱為部落客的團體裡，有些使用者是出名且擁有眾多讀者的知名部落客（Alpha Blogger），也有些使用者沒什麼名氣。這當中被發現具有某種「弱肉強食」的階級構造。比方，某個沒什麼人氣的部落格文章，如果被另一位知名部落客連結到自己的網頁上介紹，就會發生人氣瞬間爆增的現象。而這種事之所以會發生，是因為知名部落客每天都在網海裡搜尋，去尋找身旁的人還不知道的新鮮話題，放在自己的部落格裡介紹，以求讀者今天也能滿意。基本上，若從整體部落格情況來看，這種知名部落客只佔了極少數。而為了維持這種稀有的地位，人氣部落格主便會從下層去捕食獵物（資訊）。如此一般，部落客為了追求「新鮮話題」而徘徊網海中，形成了弱肉強食的階層體系

（hierarchy），而這種狀態就時常被比擬為「食物鏈」。

②被稱為Web2.0產物的各種網路服務間的關係

被稱為Web 2.0產物的各種服務，雖然在不同的URL與伺服器上作業，但彼此間卻維持了一種鬆緩的合作關係。這種特性時常被人提及。在這方面，部落格有引用、RSS及Ping等功能，而「Google Map」及「Youtube」則提供了就算不直接進到官網，也能從外部打開或內建機能的服務（被稱為「混搭程式，mashup」）。

這種各服務間的鬆緩關係，被比擬為生態系裡各式各樣的生命體與種族，不完全獨立反而互相影響，在循環網絡中製造出共存「生態環境」之情況。

③金錢的流通

最後這項也與上述兩點息息相關。其實網路上的金錢流通，也能以生態系來比擬。例如「Google AdSense」（以下簡稱為AdSense）這項廣告系統。眾所皆知，這種機制會連結到Google外部的網頁，並且自動更新與網頁相關的廣告（內容連動式廣告）。比方，在你的部落格裡嵌入了顯示AdSense的編碼後，網頁內容就會立刻被分析，然後刊登出被認為與你的網頁內容有高度相關性的廣告。而當有人點進了廣告後，廣告商事先出價的一部分金額，就會被支付給網頁的經營者。

從Google的立場來看，這項廣告系統是把存在於網路上的龐大網站群（Google稱其為「夥伴」）借來當成是自己的廣告體系「庫存」。而從把AdSense嵌入自己網頁的夥伴角度來看，這則像是把自己網站的這塊場地，借給Google使用般。順帶一提，Google的廣告收益，有四成左右來自於非Google經營的網站，也就是從AdSense得來。而這些收益的八到九成左右，會提供給夥伴做為報酬。至於剩下來的，則被Google當成手續費納入自己的收支中。換言之，Google會代替外部夥伴去尋找廣告客戶，並且負責「交涉」什麼媒體上適合刊登哪種廣告的配對工作（基本上，這些作業會自動執行）。所以，Google又被人稱為是新型的「廣告代理商」。

而這項機制的重要之處，就在於對經營社群網站的新創產業而言，只要把AdSense內嵌到網站一次，廣告收益就會自動進來，不需要自己再去另行做商業活動找廣告。此外，再加上低廉的硬體設備費（借用梅田的話來說，就是拜「低價革命」所賜），只要企業主專心在提升網站服務的點擊率上，就比較容易確保經營社群網站的新創產業能延續下來的可能性[9]（但Google的廣告系統在日本還沒那麼廣泛，所以這種好處也被認為不如在美國那麼高）。

AdSense的成功，在於Google與外部夥伴間建立起一種「雙贏」關係。只要Google廣告的生意規模愈大，簽訂AdSense契約的夥伴收入也會變多；而當夥伴的網頁點擊率提升時，Google廣告的亮相機會便會增多，結果，就為Google帶來了更多的手續費收益。

此外，還可以舉出的優點有，Web 2.0新創產業能先由AdSense等機制，來維持住自己的事業，最後再以被Google等大企業併購為目標。而這種轉變，象徵了新社群網站的商業型態變得異常簡單明快（顯著的例子有二〇〇六年被Google併購的影音分享網站「YouTube」[10]）。這麼說是因為ＩＴ新創產業只要乘著這股風潮，就不需要自己去創造獨有的商業模式。基本上，只要把大部分的生意委託給Google，自己專心於服務技術的開發與經營就好了。

正如梅田在他書中提過的一樣，美國矽谷在二〇〇〇年代中期時，掙脫了網路泡沫破滅後的低迷期，伴隨著Web 2.0這個關鍵字再度找回了活力——雖然時常有人揶揄這也不過是泡沫一場，但在這背後，正是由Google擔起了社群網站新創事業的「平台」大責，描繪出引領全體網路業界的構圖。如果以比擬的方式來形容這幅光景，可以說Google就像是溫床一樣，從中衍生一個個（安定的）新社群網站，形成某種「生態系」。

生態系這種認知形態的「用法」

最後，我想來討論「生態系」這項比喻。如果以抽象點的方式來表現生態系這項比喻的重點，那就在於「某種環境中，為數龐大的仲介者與參與者活動且相互影響，藉此孕育出動態性的整體秩序，並從中誕生出一項項新而多元的存在。」

這種光景除了以「生態系」這個詞彙來形容外，還曾被比擬為「進化」、「迷因」、「自然淘汰」、「類神經網路」與「突現」等。

雖然以各種不同語彙來形容，但這些語彙的基本共同點，是「透過局部的交互作用，構成了整體體系」（整體體系卻無法還原成局部的各種元素）的這種系統構圖。而在這份構圖裡，組合起全球資訊網的使用者（局部），絕看不清楚整體構圖長什麼樣子，也不受所謂能縱觀整體的「神」般存在之指揮。可以說，使用者在隨意而為的行動中，於不知不覺間體現了整體秩序，這才是發生在其中的實況。而這種景況令人聯想起從前網路這項新通訊系統，被闡述為自律、分散且協調的非中央集權式存在，也就是說不存在一個管理與監控整體的主體。

然而另一方面，正是這種比喻性的邏輯，被人批評為太樂觀且輕忽。由於網路上誰都能隨意（自由且免費）的搜集與發送資訊，因此，雖然沒有崇高的管理人存在，但大家在隨意行動間，卻無意間實現了驚人的整體秩序。正因如此，心存不善的人，不正可以隨意妄為去愚弄全人類嗎？時常有否定網路的人如此主張。

這種樂觀與悲觀的對立，常被描繪為性善論與性惡論的鴟峙。悲觀論的人說，肯定網路的人太輕率的就抱持著性善論的立場，因為人類原本愚蠢癡笨（性惡論），這些人類的行為互相影響後，只會招來社會沉淪的後果。而為了要阻止這種趨勢，應該沿用至今為止人類社會建構來流通傳統智能與資訊的架構。批判網路的人如此陳述。

其實真說起來，在這種應該被稱為「網路等於批判大眾社會」的觀點裡，有不少值得我們洗耳恭聽的言論。沒錯，網路於無意間形成了驚人秩序的這類觀點，其實往往是「事後的現況確認」而已。而Web 2.0現象之所以受人矚目，部分原因是因為矽谷的景氣榮景，所以的確是被談論得過分樂觀了。因此，要說「生態系」這種比喻無條件的誇飾宣傳了這種一時性風潮，的確是不容否定的事實。

但另一方面，筆者也覺得否定網路具備「生態系」特性的觀點中，有很多論調都讓人聽了直搖頭。其中，我們能發現許多觀點只是不管三七二十一的否定與揶揄這一切僅是泡沫，從這種態度中去得到自我良好的感受——而且，只要有更多人認同這些現象是一種泡沫，那麼否定的人就不需要依次說明這是泡沫現象，所以絕對是非常「低成本」的一種主張。

就像上述所見，圍繞著網路的肯定派（樂觀派、性善論）與否定派（悲觀派、性惡論）間的對立，至今已經發生過無數次，而本書也曾在部落格的部分加以陳述。

不過，筆者認為，藉由將網路比擬成生態系或演化論的構造，可以開拓出另一條討論大道。我將在最後一章時進行討論，在此如果僅以一句話來代表這種立場，那就是生態系的「相對主義」。

在討論這些事時，可以參考經營學者藤本隆宏的觀點。他在《生產系統的進化論》（生産マネジメント入門）中，指出了幾個在以「進化論」架構，比擬與分析一般社會現象時應該要注意的重點。在此，簡單來參考一下其中的部分觀點。

首先，要提的是很多人都知道的事，「進化」（evolution）這個字眼跟所謂的「進步」（progress）是必須嚴謹區分的不同概念。「進步」在一開始，就已經預設了某種價值觀，也就是說從既存的「好」的基準點來看，在品質上有所提升的便是進步。這種「進步史觀」時常出現在生命與網路的進化過程中。生命的進化，被認為是更優異的品種，去適應且想辦法存續的過程。而網路則被認為是不斷朝著更優異的資訊發展與效率傳達的架構去進步。乍看之下，無論生命或網路，這兩種系統本身都會朝著某種目標來自我改變。

無論如何，「進化」這項觀念都不允許被摻入這種前置性的價值觀。原本進化論就是要說明「在某段長期間內，為何會衍生出多種種類」的論點。也就是像藤本所說的，進化並非「變化成更好的事物」，而是「分化成更複雜的事物」（在定義「複雜事物」時，藤本引用了道金斯說的「組成部分是由非僅基於偶然，便可衍生出的情況架構而成」）。這種進化論的重點，在於這些所謂的多樣性與複雜性，並非在宛如神般超脫性存在的意念下被設計出來，而是完全由「偶然」（如果是生命，就是藉由基因的隨機重組）累積而成，這才是重點所在。

說得更明白些，「由偶然誕生出複雜性」的過程，可以由下述兩種進化論的階段性邏輯加以說明。

首先，在基因階段時，某個胚胎「出現」了（突變）。接著，由對於當時「環境」的適應度，形成了胚胎的「淘汰」與「延續」。即使我們事後將這種「發生」機制（發生論的解讀）與「延續」機制（機能論的解讀）分開來思考，使其看來似乎是一種目的性合理（為了實現某種目的，而擁有的最佳行為或機能）的現象或系統，但我們還是能藉此避免掉入以目的性合理化的方式，來說明發生過程的陷阱。也就是說，我們可以去闡明這些偶發產物，其自然形成的目的合理化現象，而不用以「神的設計」這種神祕論來一語帶過。

上述這種進化論觀點，也適用於本章中一路討論的「全球資訊網→Google→部落格」之進化過程。因為，開發出全球資訊網的提姆．柏納斯，他在設計連結架構時，應該從沒想過之後會出現Google等產物吧！而開發與使用部落格的人，當初也不曉得部落格居然會適合Google的搜尋系統。如果以不同於「偶然」的其它詞彙，來形容網路上的這些創新，那麼，我們應該可把它說成是在「出於非意志性結果」（以社會學家羅伯特．莫頓的話來說，就是「潛在機能」）下被誕生，而最終以順應當時面臨的資訊環境之形態存續了下來。

在了解了這種進化論後，如果再次以生態系等於進化現象來理解網路情況，那麼，我們就會需要進行以下研究。

現在我們眼中所見的網路生態系，不管看起來有多麼朝著目的合理性去進展，那都只是在偶然的累積下誕生的產物而已。而且，進展的方向有可能極為多元。就像本章所討論的一樣，近年來以Google及部落格為主的所謂Web 2.0現象，被介紹為是網路生態系的代表。

但架構的生態系真的僅限於Google與部落格嗎？當我們將目光焦點擺放在其它方向時，不也會發現已經誕生了其他一些多元的架構嗎？這些架構雖然經歷了與Google及部落格截然不同的過程，但從生態系的角度而言，卻都擁有相同的進化過程。

在思考過這個問題後，我們就不能祈求只有眼前這單一的架構能持續下去，也不能迷信唯有某一項進化過程，才是合於基本教義的正統之道。（不管情況看來有多像是這一回事，但）網路生態系並不只發生在Google周邊，既然如此，我們在探索網路上各種架構生態系所醞釀出來的多樣性時，就必須採取「相對主義」的觀點。

基於以上方針，下一章將來看看日本特有的架構「2ch」。我想，這應該是在探討「不存在Google的網路空間中，生態系是如何進化」的一個絕佳案例。

1 Memex意指MEMory EXtender，也就是「知識儲存資料庫」這個造字的簡稱，由萬尼瓦爾・布希於一九四五年發表的〈思維之際〉（As We May Think）中提出。在這篇文章中，萬尼瓦爾提出能將書籍、論文與書信等資料保存，並創造關連性，使人能馬上查閱的系統，而這也被認為是「超連結」的原型。

2 萬尼瓦爾・布希、泰德・尼爾森與道格拉斯・恩格爾巴特等人的文章，均收錄於西垣通編寫的《做為思想的電腦》（思想としてのパソコン）中。

3 WAIS（Wide Area Information Servers）跟Archie都是WWW（全球資訊網）登場前，與WWW一樣採用「主從式架構」的知名網路分散型搜尋系統。在村井純的《網際網路》（インターネット「宣言」）中有相關介紹。

4 在書中陳述網頁排名相關數學機制的有馬場肇〈Google的祕密——PageRank徹底解説〉，二〇〇一年（http://www.kusastro.kyoto-u.ac.jp/~baba/wais/pagerank.html）。但西田圭介在近幾年出版的《支撐Google的技術》（Googleを支える技術）中，指出現今的網頁排名機制，應該更為複雜與精粹（因此，在同書中便省略了網頁排名的相關記述）。

5 提姆・歐萊禮〈What is Web 2.0?〉（中譯為〈Web 2.0：新世代軟體設計模式與商業模式〉），二〇〇五年（http://www.oreillynet.com/pub/a/oreilly/tim/news/2005/09/30/what-is-web-20.html）。

6 「垃圾連結」是一種惡意SEO對策，指的是為了提高某個特定網頁在Google搜尋排名的結果，而在部落格或留言版上張貼大量連結。這種做法會讓部落格的回應欄或引用欄中，出現大量的廣告資訊（威而鋼式的存在）。而這些廣告與其說是為了要引起大眾注目，不如說是為了引起Google等搜尋引擎的檢索漫遊器注意，而做的「針對搜索引擎所做的廣告」。因此，現在容易成為垃圾連結標的之處，通常會先內建「rel等於nofollow」的連結，使其不會成為搜尋引擎分析的對象（這種簡單的HTML格式被稱為「微格式」）。此外，近幾年來，也被發現有許多新開的部落格，是為了這種垃圾連結成立的「垃圾部落格」，衍生出相關問題。

7 克勞德・香農（Claude E. Shannon，一九一六—二〇〇一，美國數學家）在發表於一九四八年的《溝通的數學理論》（*The Mathematical Theory of Communication*）中，以機率理論將資訊（information）與溝通（communication）的概念化為算式，開拓出一片資訊理論的新領域。香農將焦點擺在以工學方式來實現溝通時，當資訊的發送者傳訊給接收者，於傳送途中混入的干擾該如何解決。

8 烏也斯庫爾（Jakob von Uexküll）是活躍於十九世紀至二十世紀的德國生物學家，在《生物眼中的世界》（*Streifzüge durch die Umwelten von Tieren und Menschen*）裡，他描述各種生物憑藉各有的知覺器官，架構了對各自別有意義的環境世界（Umwelt）。他的論述，時常被指為對哲學家馬丁・海德格（Martin Heidegger，一八八九—一九七六，德國哲學家）產生了同時代的影響（〈在世存有〉（In-der-Welt-sein）），並且與詹姆斯・吉布森（James J. Gibson，一九〇四—一九七九，美國心理學家）的「affordance」概念相似。在與資訊環境論的相關性上，可以參照以下文章：東浩紀與濱野智史監修，〈理解資訊社會的二十個關鍵字〉，收錄於東浩紀《資訊環境論集》，講談社出版，二〇〇七年。

9 根據經營學家佐佐木裕一所述，針對線上社群事業的網站讀者所做的廣告事業，其組成比例，以二〇〇五年為界開始攀升（〈兩種線上社群的雙層結構——RAM與ROM、價值觀與架構〉，收錄於二〇〇七年《組織科學》第四一集第一號）。更有趣的是經由搜尋引擎來訪的讀者，去點擊網頁內嵌的「AdSense廣告」比率竟然比較高。在此之前，這類讀者一直被認為是「只來網站看資料，不會多做停留的ROM」、「對社群資訊的更新沒貢獻，只會帶走資料的便車客」，遭人避之唯恐不及，但在廣告技術發達的影響下，對社群來講的（點擊廣告）收益來源上，ROM使用者反而形成了「貢獻」。這種相反的事實在此被揭示。

10 Google在二〇〇六年，以大約十六億美元的價格收購了YouTube，當時震驚許多人的是YouTube並沒有一個完整的商業型態，完全可說是以大眾知名度來創造出巨額的收購價。

第3章

網路如何在沒有Google的情況下進化？

巨型留言版2ch

這一章，我們來看一下日本的「2ch」。因為我想帶讀者把目光焦點轉往以Google為主的Web 2.0生態系外，去看一下「沒有Google的網路世界」裡，社群網站的生態系究竟是如何進化的？

2ch就是日本的巨型匿名留言版（群）服務，於二〇〇〇年時由西村博之創辦。

只是，2ch在日本社會的評價涇渭分明。首先，只知道這名字的人，應該對於它的存在抱持著否定態度。2ch常被形容為是「廁所裡的塗鴉」等，裡頭的內容基本上極盡低俗惡劣，絕非隨便就能相信的東西——雖然2ch的管理人說「沒辦法看透謊話就是謊話的人，不能用2ch。」這句話時常被引用——但在2ch裡，無由來的毀謗中傷與謾罵滿溢四處，再加上預告犯罪的言論，可說是極度反社會的言論空間。因此，2ch也常讓人覺得一肩扛下了日本網路社會的「黑暗」形象。

相反的，也有人對2ch抱持肯定的意見。不過，說歸說，覺得裡頭內容全都很棒的人，就算在「2ch肯定派」裡應該也是少數吧！因為正如否定派所言，2ch的內容很多都惡劣至極。不過，有些人大概也會覺得，裡頭有時也有些讓人看得目不轉睛的高水準議論，以及資訊的搜集與交換。而有些人應該也覺得在那些愚蠢低俗的內容中，某些橋段令人忘卻了日常艱辛、捧腹大笑，因而對它抱持著肯定的想法。

不管是2ch的肯定派或是否定派，評價會變成正負分歧的重點，在於如何看待2ch的「內容」。有些人覺得那只是廁所裡的塗鴉，但有些人卻覺得不不不、裡頭偶爾也有很棒的觀點唷！於是兩方如此這般爭辯不休。對此，筆者重視的並不是寫在2ch中的「內容」，而是為數龐雜的網友是如何在沒有「搜尋」這項支援人類認知限度的功能下，於2ch這勃然巨大的網路空間中，順利去溝通與交換資訊？我想把焦點聚焦在其中機制。也就是如果以上一章中的話來說，便是把2ch當成是「生態系」來看。本章的主題就在於此。

在沒有Google的情況下成長的社群網站

經過了上一章為止的討論後，首先，我們不得不驚訝的是2ch基本上在屏除了Google等搜尋引擎的支援下，卻能營運到目前的規模，並且擁有用戶。

上一章已經確認過，聚集的人數多到可被稱為「社會」規模的社群網站，會陷入下述的成長循環。首先，當使用者聚集越多時，交雜了實用資訊與無用雜訊的混雜率便會增大（S／N比變小）[1]，使用者變得難以找到自己想要的資料；也就是所謂的「玉石混雜」情況將會到來。換言之，當網路社群服務的使用者愈多時，在增加了可能提供實用資訊的使用者時，同時間碰到無用資訊或遇到預期外交流現場的可能性也會變大。這算是某一種交易，基本上可以說是所有社群網站不可避免的結構性問題。

針對這種情況，Google活用了超連結這項全球資訊網的架構特性，構築出能精確搜尋到優異資訊的系統。

但2ch的開站時間是在一九九九年，那時日本還不知道Google的存在。雖然也有很多其它的搜尋引擎，但精確度卻不怎麼高。尤其是日文的搜尋系統，完全沒有什麼好選擇。2ch雖然從二〇〇三年起開始提供官方版搜尋服務，但因為必須付費，所以2ch的用戶也沒什麼人使用。

此外，2ch還有一種被稱為「.dat歸檔」[2]的特性，那是當一個帖子（留言版最基本單位）的回應數超過一千時，就會自動封帖，讓使用者沒辦法去參考之前的記錄。也就是相當於上一章裡說明過的「固定網址」（permalink）之機能，在2ch裡，變成了有「時效性」的存在。另外，2ch中的討論氣氛愈熱烈時，規定的帖子回應數便會更早被消費完，所以帖子在網路上的存在壽命就變短了。這意味著，早在搜尋引擎的漫遊器開始搜尋前，帖子實際上已經從2ch的論壇上消失（無法被搜尋）。而這種架構上的特徵，讓2ch擁有一種難以被Google等搜尋引擎搜尋的特性。

什麼是2ch的特徵？①——帖子流

那麼，2ch的使用者是怎麼「搜尋」（也就是「探索」）自己想要的資訊或討論呢？2ch常被人指責的架構特性，是被稱為「帖子流」（flow）的機制。在2ch上，以諸如「哲學」、「筆記型電腦」、「新聞快報」等特定話題，區分成了不同的「留言版」，而版子下面，又可以下拉成數十到數百個「帖子」，如此的組成方式。

為了說明，讓我們簡單的循著使用者的操作來看一下。

從首頁進入2ch的使用者，首先會先找到自己有興趣的「留言版」，然後點進留言版的首頁。在這，可以看到「留言版」底下的眾多帖子一覽表，而帖子流的特徵，就在於帖子上顯示的「順序」。

基本上，帖子流是從「最近有人留言的帖」開始排序（sort），換句話說，帖子的顯示順序是不固定的（例如若以發帖時間排序，帖子的顯示順序就會是固定的），由於顯示狀態會隨著不停留言的情況變動，因此才被說成是「帖子在流動」。而這種帖子流的架構，讓討論狀況活絡的帖子很容易出現在一覽表裡，也容易被使用者看到。

帖子流這個詞，指的就是這種帖子顯示順序的機制。在2ch出現前，匿名留言版規模尚小的時代裡，這種機制的好壞無可研判。但現在光靠這種機制，很難說對2ch上的資訊發掘與流通有幫助。

不過，2ch的討論機制特徵，也就在於這種「流動」（flow）的特性。舉例而言，先前介紹過的「.dat歸檔」就是一例。在2ch裡，基本上，被當成討論場所的帖子，設有最大留言數的「壽命」限制。所以如果某一個特定話題的帖子壽命快結束了，而有人還想延續這話題時，就要有人來為這個話題開新的帖子。這時，基於2ch使用者間的一種共同默契，會把「續帖」的帖子冠上「Part II」或「第六帖」之類的編號。相反的，如果是沒什麼人氣的帖子，就會自動從2ch的生態系淘汰出局。

此外，這種「最多只能有一千筆留言」的2ch壽命，反而被當成了計量用戶對帖子狂熱度及投入度的指標（barometer）[3]。例如，當被稱為「狂歡節」的活動在帖子上的留言數急速攀升時，通常會以「每十分鐘消費一帖」的速度被留言，而此刻帖子上的盛況，也會被這帖子的「讀者們」（2ch上，稱呼這種黏在某一個帖子的使用者為「住民」）所共同擁有。

這種帖子的消費速度，常被2ch使用者比擬為「瞬間最大風速」，當然，實際上並沒有風吹過，可是在因文字而帶來靜謐印象的討論空間裡，這種把現場的「空氣」，以體感讓人切身感受的文脈資訊（不顯示在文字上的資訊），是非常珍貴的。而2ch使用者也會循著這種線索，去嗅聞哪裡有盛況進行、有沒有「實用」（可以自我娛樂）資訊等，一路追尋而去。

什麼是2ch的特徵？②——拷貝貼

另外，在2ch的資訊流通機制上，扮演了重要角色的是「拷貝貼」（複製貼上）。在2ch上的留言，無論是文字也好、或被稱為ＡＡ的文字畫也好，感覺上都好像在哪裡看過。事實上恐怕正是如此，2ch的留言，很多都是使用者把自己在別的2ch帖上看到的一些滿好笑的文章、或是讓他有同感的文章，就這麼拷貝貼上去，不然，就只改了一小段情節而已。

時常發生的是，當情況在「預料」之中，也就是帖子的發展方向，被人預期為「既然已經出現這種傾向的留言，那接下來，那種留言也會出現吧！」之時出現拷貝貼，而這也是特徵之一。在留下這類留言的使用者心理上，想要其他使用者在看到這些留言時發笑，或「發怒」、「哭泣」；也就是想得到某些反應。既然如此，他們就會儘量找出能適合現場氣氛，而且誰也沒看過的「稀有」樣版或ＡＡ文字畫，等到帖子趨向呈現固定不變時，就瞬間拷貝貼上去。當這個包含了拷貝貼的留言成功動搖了其它人的情感時，就會有別的使用者又將這個留言拷貝貼到其它地方去。

另外還有一點，是最先發出剛才所說的「續帖」的人，要把寫在上一帖的「一」（最早的留言）裡的「統合」（ＦＡＱ或相關連結）給拷貝貼上去，這是一般慣例。因為這種透過拷貝貼傳達實用資訊與延續的做法，能給剛來帖子玩的人相關資訊。

如此一般，不管是樣板或ＡＡ文字畫，流通在2ch上的大部分資訊，都靠著龐大的使用者拷貝貼行為，而被傳達與散播開來。這種可稱為「全體拷貝貼主義」的行為，在部落格之類的空間裡是不被允許的。例如常發生「把別人部落格內容整個照抄的部落格」被發現後，引發了口水戰，那是因為「剽竊」了別人的內容（侵犯著作權）而被批判。但至少在2ch的空間裡，這種「轉載他人文章」之事是不違反倫理的。反而，我們還能說這種轉載行為甚至受到了鼓勵。因為很多ＡＡ文字畫跟樣版都需要許多心力來製作。而製作這些東西、被人稱為「職人」的用戶，他們心裡應該也希望自己的作品被拷貝貼得愈多次愈好吧！

這種「整體拷貝貼主義」的背景，我想，跟匿名留言版的性質也存在著深切的關係。因為在2ch裡，究竟是「誰」做了哪個ＡＡ文字畫或樣板，根本就沒人知道，所以「著作權」的觀念在那裡毫無用武之處。反過頭來，我們可以說透過了這種將創作物自由拷貝貼的行為，促進了流通與傳播。

2ch「架構度」之拙劣

如上所述，如果把2ch的資訊流通特性分成兩大類，那就是不留下資訊，且時常消逝與流動的「帖子流」，以及藉由一般不受允許的大膽轉載之連鎖效應，來將資訊傳播出去的「拷貝貼」這兩種。

尤其是後面的「拷貝貼」，令人回想起上一章提過的理查・道金斯所說的「迷因」

概念。藉由拷貝貼，任何在某種面向上具有傑出特性的資訊，被一個接一個傳播到其它帖子上，有時又被改寫，豐富了多樣性。而這一連串過程都讓人聯想起基因不斷複製，最後超越了生命個體的歷程。

上一章已經談過，部落格的世界（部落格空間，blogosphere）中，基本上是靠「連結」來傳遞好的資訊。連結可以把資訊所在的位置立即「指出」，而拷貝貼則可以類比成出版文化的「引用」。獲得愈多（來自網路排名優異網站）連結的部落格，就愈容易被排進Google搜尋結果的上方，這是發生在部落格這種社群網站上的「迷因」自然淘汰過程。相對的，在2ch上藉由「拷貝貼」而非「連結」，也實現了同樣的汰選機制。

這種2ch「生態系」特徵，絕非藉由架構本身的正面效果來獲得眾多好處。換句話說，做為溝通體系而言，2ch的「便利性」跟「自動性」（由機器運作的程度）都絕對不高，甚至還殘留了許多得仰賴手動的部分。例如「拷貝貼」這例子，就不如說是靠著數量龐大的使用者們「手動」合作而完成的。

此外，當2ch上舉辦所謂「狂歡」的活動時，常常在不知不覺間，不曉得從哪裡出現了把「.dat歸檔」的過去歷程，給整理好的「彙整網站」與「彙整Wiki」，甚至還有許多被稱為是「2ch系資訊彙整網站」的部落格。這些部落格會把最近有趣的帖子流加以編輯後，介紹在部落格上，所以我想應該也有許多網友不會特地上2ch，反而只去這些其它使用者編好的「彙整」（編輯）上，看看2ch留言吧！

如此一般，2ch上與其說是架構本身在經營「生態系」，還不如說是使用者合力發揮了軟體般的功效，讓其中的資訊流通體系能夠完成整體作用。

關於這種2ch的特徵，讓我們再多少深入來探究一下。

要探討的項目有兩點。第一，為什麼2ch要故意把「帖子流」的流動率給設計得這麼高？第二，為何2ch上會不停出現來「幫忙」的使用者？關於這兩點，讓我們分段來探索。

為何2ch要把帖子流的流動率設計得這麼高？

首先，是從使用者的角度來說，乍看下只會造成麻煩的「2ch」帖子流特性，這種設計有什麼架構上的理由嗎？先從這點來討論。

身為2ch管理人的西村博之，在其超過了兩萬字的專訪中，陳述了他做為社團經營者的「思想」[4]。他認為，社團運作的先決問題是不管社團有多麼興盛，只要過了幾年後就會面臨衰退。究其原因，是因為一旦形成了社團，當內部的團結度愈高時，對於從外部進來的新人而言，反而會形成另一種「障礙」。

西村認為，這不僅發生在網路的社團裡。我想，大家在學校或社團、公司裡，應該也有過類似經驗。當一個所謂社團（集團）存在時，既有成員在私底下會形成一種莫名的信任關係與默契（約定）。而當這種關係存在得愈堅固，對於初來乍到的新成員而言，往往只是「門檻」而已。

這種社團成熟與衰退的性質，從電腦通信與郵件列表的時期開始，「社團一旦穩定後，『常客』就會開始張威做勢，使新來者難以發表意見」的缺點，就被人屢屢指責。而西村也表示，他一直想盡了各種系統上的解決辦法，想要應付這個問題。

其中一個辦法，正是2ch的「匿名制」（可以匿名留言的機制）。因為當名字這項線索不再存在於網路上時，被稱為「常客」的用戶就不可能被人認識。

再加上之前說過的，2ch帖子留言數被限制成最多只能留「一千篇回應」，而且舊留言會被歸為「.dat歸檔」狀態。這種流動性，對於排除「常客」存在，可以發揮功效。因為那些被人稱為「常客」的使用者，常會以一種高壓姿態武斷的要求新來者「（發問前），先去看一下之前的留言！」可是，既然架構上被設計成過去的留言會消失，那麼，這種高壓發言的權力，從一開始就已經被剝奪了。

此外，醞釀出所謂「VIP版」的「kuso機能」（在新聞快報版上一些無聊留言的郵件地址上，寫上「kuso」，等於投票，藉此把留言強制送到其它版去的做法），也是為了把新聞快報版的「常客」跟想找麻煩的「新來者」，給分開的機制[5]。

2ch這種「排除常客」的「設計理念」，與其他網路社團經營者的理念相較下，當然是完全相反。通常，社團經營者都希望得到「常客」的支持，因為一般支撐網路社團存亡的，正是進駐在社團中，常留言把資訊提供給社團的「常客們」。也因此，社團的經營者為了吸引「常客」進駐，常會提供常客「獎勵」（累積評價資訊）以及「高壓排除新來者」（發揮勢力）的「特權」，以做為誘因。

但西村認為，這種「常客獎勵制度」最後（以中長期的角度來看）只會造成社團的衰退。所以，2ch可說是為了屏除這種網路上的「階級制」，而導入了「匿名制度」。

筆者曾在別的地方，以西村所說的「都市」與「共同體」（也可以說成「組織、結社」〔association〕與「共同體」〔community〕）的比喻，來說明他的設計理念。在社會學裡，association與community是很常見的劃分方式（也可以置換成德國社會學家涂尼斯〔Ferdinand Tönnies〕的共同社區與法理社區的概念）[6]。前者的association，指的是公司、社團或城市般，由參加的成員自由組成的集合體。而後者的community，則是像家族或地區共同體般，是生下來就已經參與其中（沒辦法自己選擇要參與哪一個）的集合體。

照這種區分法來看，西村的網路社團設計理念，是著重於避免發生由人們自由聚集而成的網路「association」，在經過一段時間後，卻變質為排外且閉鎖的「community」。說來，這種理念與其說是「網路『社團』設計論」，還比較像是「如何在網路上創造『都市空間』」的相關議題。而實際上，都市原本就是由「看不見臉」與「匿名」的人聚在一起的空間，所以，才能夠容納下各種不同人民，並形成了不絕於途的成員流動（flow）。我想這種形容，確實很適合2ch這種猥瑣而繁雜的網路巨型空間。

但有件事情必須聲明，是上述這些2ch的架構特性，並非全都在一開始就是為了實現「屏除常客」的目的而事先設計。

例如「.dat歸檔」這項機能（特性），就被推測為是因為從經營費用的觀點來看，在網路上保留「舊留言」是很不合理的事，所以才誕生了這項機制。也就是說，從一開始的順序而言，是因為受限於伺服器的物理資源（硬體容量與數據傳輸量等）等限制，所以才發展出「.dat歸檔」的機制。而結果便產生出排除常客的流動效果。我想，這麼說比較合理。

這與上一章所談的，從進化論的觀點來看事情的想法一致。換言之，2ch的「.dat歸檔」特性，雖然事後看來具有「排除常客」的活化（流動）社團機能（機能論，生存的邏輯）；但這種機能絕非從一起始就是為了這個目的而設計，反而是因為受到別的制約條件影響，所以才產生這些機能（發生論＝發生的邏輯）。我想，在醞釀出2ch的架構背景上，可以把這種進化論的程式給套上去思考。

為什麼竟然有使用者來幫忙？

如果以巨大的「流動空間等於都市」來理解2ch，是把2ch這社群網路的動態，描述得非常傳神的比喻。

只是上述說明只陳述了一半情況，因為人們為何會在那樣的流動空間裡，拷貝貼跟架設彙整網站、彼此間做出某種「合作」呢？這個疑問仍舊還沒解決。為什麼使用者們根本就沒見過面卻能彼此合作？為了釐清這問題，我想，我們要把至今為止被稱為「2ch用戶」的使用者，以「2ch民」的觀點來理解。

這指的是，首先，我們要知道當網友以「2ch民」的身分活動時，他們並不只是無色透明的匿名性存在，其實，2ch的許多使用者都已經溶入了「2ch民」這個宏大的角色，所以大家才能在互不相識的匿名情況下彼此協力呀！

在補充說明上，可以參考社會學家北田曉大的2ch論。他在《嗤笑的日本「民族主義」》（嗤う日本の「ナショナリズム」）中，將焦點聚焦於2ch民常表現出來的反媒體態度，以及被稱為「反韓」、「反中」、「網路右派」等排斥他國的言論活動。這些態度的起源可以追溯到八〇年代的電視「嘲諷」文化。這指的是像是搞笑文化的「內部笑點」，他們會把表演者跟劇組的內部笑點，與正在收看節目的觀眾共有，而非跟現場觀眾共享。而2ch民在網路上正塑造出了相當於這種「內部」的空間，藉此以有效維持所謂「連結的社會性」應有的交流方式——北田如此分析[7]。

在此，請讓我先說明一下「連結的社會性」這項概念。通常，交流模式被認為是送信人與收信人間，有某種「內容」上的往來（交流論也被比擬為送郵件時的「包裹模式」）。但自九〇年代後期出現的年輕人數位交流方式，他們交流的目的，就像我們從他們每天來回幾十通的「像彼此舔毛一樣」的簡訊往來中、或從充滿拷貝貼的2ch討論中，都能很明顯看出，他們的交流重點已經不在於「雙方是否在往來訊息上達成共識」的這種「內容」層次，而是擺在「交流等於連結成立」的「事實」層面上了。在那之中，每一項討論的內容本身並不重要（可以說，只不過是炒熱氣氛的「話題」而已），重要的是去確認大家正在進行交流的這件事情本身，而這就是實情。

但把2ch這個空間拿來延續自我滿足式的「閒聊」，也未免太過於巨大。為了讓當中容易空轉的交流，能盡可能的持續下去，也為了提高「連結」的強度，2ch民會定期需要「話梗」。而這種模式被社會學家鈴木謙介稱為「話梗式交流」[8]。這種情形不管是在帖子裡的發言也好，或是在部落格、朝日新聞或哪裡都一樣。做法是不以「直率」（正如字眼所述）的方式來理解某一對象，例如朝日新聞，就會以「右翼又說了什麼」的認知模式（也就是戴上「2ch民的有色眼鏡」），恆常從「後設角度」（metalevel）來利用解釋的模糊地帶，鼓勵大家「嘲諷」（看低對方的「恥笑」）。這就是北田跟鈴木所認為的2ch式交流法。

對於2ch民而言，交流的「內容」早就不是那麼重要了。這種現象不僅發生在個別的2ch留言中，在更具「整體」規模時，也可以說是相同的狀況。例如產經新聞iza的文章裡，就指出不應該把辦活動或鼓動「炎上」（針對某些議題大肆攻擊與報導，並藉此作樂的行為）的網路使用者，稱為「網路右派」（反韓），應該要稱他們為「網路蝗蟲」比較適合[9]。其文章中還形容「蝗蟲沒有善意也沒有惡意，有的只有食慾。」換言之，浸淫在「連結的社會性」中的人，對於是左是右這種政治性意識形態的「內容」根本就毫無興趣，他們追求的，只有參加活動或炎上的「事實」而已。

這種「網路上正流行的話題，並不是因為內容層面的討論而引起熱烈回響，其實，是由狂歡的氣氛與起鬨熱潮所支撐」的認知，已經被許多評論者指出過。讓我們來翻一下社會學家吉田純的《網路空間的社會學》（インターネット空間の社会学），裡面就指出從很久前的電腦通訊時代起，那些試圖從平民ＢＢＳ上追尋政治理念的evangelist（傳道者），他們的言論跟在ＢＢＳ「現場」玩樂般享受交流的使用者間，存在著不同溫差。

說起來，新聞一向不太在乎網路上的動靜（所以報紙的文章才會時常拿網路使用者的行為來開玩笑），但如果連一般報紙也表現了這種認知態度，那麼，這也意味著「連結的社會性」這種認知在日本已經相當普遍了吧！

因為變成2ch民而產生的互信

當然，如果從一般社會常識來看，輕視或無視「內容」的交流法，可能不是什麼值得讚揚之事。

但讓我們回到原本的討論上，原本我們關心的問題，就是為什麼在這種流動性空間裡，人們會自動的拷貝貼跟架設彙整網站，去做出一些「合作」行為？

關於這個問題，北田的觀察裡值得參考的，是「2ch民互把對方當成『自己人』」的觀點。此外，2ch的自己人，是遠超出所謂「自己人」的既有印象，其規模龐大非常。我們能說，這種集體意識與歸屬感，發揮了讓彼此在看不見臉的網路上，互相合作的信賴財（社會關係資本）功能。

舉例而言，2ch民對於他們認為也是「2ch民」的使用者，會允許對方使用2ch上的ＡＡ文字畫跟角色等創作。也就是說，當他們覺得那是自己人的共有物時，就會承認「拷貝貼」的自由。在此，重點是他們對於以營利為目的使用共有物的人（例如大家應該對二〇〇五年引發了「飲酒貓騷動」的愛貝克思〔avex〕還印象猶新吧），時常表現出非常劇烈的排除「便車客」反彈。近來，對於2ch民的這種感受性，網路上以「抗賺」（抗拒賺錢的意思）等稱呼多加議論。筆者認為，背景與上述這種2ch民間的信賴財分派方式，有很深的關係。

那麼，2ch民到底是怎麼去確認對方是不是「2ch民」呢？其實這方面簡單多了，只要採用被稱為「2ch話」的網路「行話」就行。藉由使用這種看來很難的獨特語言（行話），懂行話的同伴們就能夠彼此確認對方為「2ch民」。

當我們了解了這點後，可以來看個很有趣的例子。社會學家宮台真司等人，從前在《次文化神話解體》（サブカルチャー神話解体）中，曾分析過「丸文字」等「少女文化等於可愛文化」，對於少女們其實發揮了人際關係的機能。

大家都仰賴（應該）存在於上下文脈絡裡的共鳴，一直不停戲耍、放棄去探索每個人之間不同的「真正『自我』」，巧妙的，把「大家都一樣」當成是交流的前提來溝通。正因如此，這人喜愛的「可愛」，便發揮了它做為人際關係的工具之本質功能。

（略）

而女孩子們發現了用丸文字來傳遞「大家都是『可愛共同體』的成員喲！」這種訊

號後，彼此就能以平等的匿名性存在，在「約好的世界裡」活動。

——宮台真司、大塚明子、石原英樹，《次文化神話解體》，一九九三年

只要把這裡所使用的「可愛」這個形容詞，替換成北田所說的「嘲諷」，幾乎可以原封不動的用來解讀2ch論。換言之，藉由在網路上使用2ch話，大家都不用知道對方是誰，就可以巧妙的把「大家都一樣」當成是交流前提。只要用2ch話來傳遞「大家都是『嘲諷共同體』的成員喲！」這種訊號，彼此就能以平等的匿名性存在，在「約好的世界裡」活動——2ch民以這種言語使用的最表層程度之共通性來做為基軸，去進行「自己人」的劃分。

當然這種情況並不僅限於2ch民。就像曾蔚為一時話題的行動電話「變形文字」般，這種現象無論在任何一個「內部空間」都看得到，並不是2ch所特有的文化。另外，丸文字跟變形文字原本就不僅出現在朋友間的「書信」裡，也常被使用在一些電動玩具店、愛愛旅館或觀光區的「留言本」上。年輕人為了區分出「自己人」，所以創造出特別的文字，並使用在匿名的交流媒體上。就這層意義而言，筆者更加認為西村以「都市等於匿名性交流」空間來掌握2ch實態，實在是非常精確的描述。

2ch的兩面性——都市空間與內部空間

就像我們一路看到的，2ch這個空間具有某種不可思議的「兩面性」。一方面，它是個看不到彼此的匿名性「都市空間」。另一方面，它也是將眾多角色聚集在「2ch民」這個統一角色下的巨型「內部空間」。

乍看之下，這兩種性質背道而馳，但卻有必要相輔相成。因為光只是形成了「內部空間」，就會往排除新來者的方向進行，很難在巨型留言版上相互合作、產生共鳴。但另一方面，雖然2ch的「匿名」特質讓新來者很容易參入，但若不能領略其中共有的奧妙與文化，也無法解讀出醞釀成2ch上常發生的「狂歡」般集體合作現象的機制。因此，2ch便這麼讓某種矛盾性同時成立。

這種雙重特質已經引發了許多熱烈討論。筆者覺得，這與政治學家班納迪克・安德森（Benedict Anderson）所說的「想像的共同體」之國家主義運作方式比較接近[10]。也就是說，被稱為「國民」的這些從沒見過面的市民們，透過報紙（出版資本主義）這項媒介，產生出對方是自己的夥伴或家族的不可思議感覺，而2ch的機制跟這很相近。關於這點，我不打算更深入論述，不過，我想這在測量社群網站能與現存「社會」同步機能到何等程度的問題上，將會是很重要的試金石。

美國的部落格、日本的2ch

把以上關於2ch分析做個終結後，最後，我想拿上一章中討論過的部落格來並列比較。藉由比較這兩種社群網站，能將誕生出不同社群網站的日本社會與美國社會做個對照。

上一章提過的梅田望夫，在《網路進化論》這本書提及他覺得「部落格很美國」的印象。因為，基本上部落格是在網路上表明自己是誰的情況下（就算使用筆名或假名，在網路上也可以追蹤其發言內容的情況下），所用來發表意見的工具。所以梅田覺得那是種「自我表現的工具」。而這種工具，讓人不用躲在既存組織或權力的大傘下，只要全憑自己所寫的文章，就能從部落格向數萬或數十萬讀者表達自己的想法。而梅田認為這種情況的背後，是基於美國尊重「個人」意志與自由的風土民情，以及不用糖果紙衣包裝想法、有話直說的溝通文化。

於是，梅田祈願這種自我表現的部落格能普及浸透到社會上，向唯有媒體發聲的時代宣告終結，讓整體邁向「總表現社會」。他的主張，與所謂「媒體流氓」等組織向來輕視網路為「無責任感品質低劣」的媒體相比，可說是非常肯定的看法。

但梅田在祝福總表現社會來臨的同時，我們在他話裡所看到的只有「部落格」而已，看不到2ch或NICONICO動畫的名字[11]。既然梅田祝福消費者能發表意見，那麼他應該也要以相同的程度來祝福2ch。可是，看來他並沒有這個意思。

儘管如此，我們一路分析過來，當然明白其中的理由是什麼。這當然是因為2ch是以匿名性為基本架構的設計，不具有「以個體發表意見」的基礎。而對梅田來說，不管如何，網路都必須是「自我表現」的工具，所以像2ch那種把自己埋沒在巨大內部集團中的社群網站，自然就不在他的對象裡了。

累積「個別」評價的部落格

在了解過梅田的想法後，讓我們一併來看看梅田部落格上，以〈相信直覺、相信自我、貫徹喜好、讚揚別人！有空挑人毛病，不如自己做〉為題的文章（這篇文章在梅田的部落格文章中，似乎是人氣頗高的一篇）[12]。在這篇文章中，梅田批判「在網路空間上，特別明顯的現象是日本人不會稱讚別人。」他以熱情的筆調呼籲大家，「如果心裡覺得好，就說出口呀！不管是誰、不管是幾歲，被人稱讚都會很高興。這些小事的累積可能讓世界變得無聊，也可能讓世界變有趣呀！」

梅田說他這些話是「好像喝醉了一樣」寫的說教式文章，可是，筆者卻認為他這種「多稱讚別人！」的主張其實始終如一。若以筆者的話來補充，那可以廣泛的理解成以下含意：

> 為了要讓以「個體」為單位的社會上各類活動更容易產生交集，我們有必要流通「評價」或「信賴」等社會關係資本，把這些資本累積到個體單位上，也就是說要經過所謂的「社會關係資本的單位累積階段」。因為要先經過了這個階段，個人才不用依附在組織名號或權威「大傘」下，個體間平等的社會性合作才能被活化。換言之，「多稱讚別人！」的這句建議，其實意味著擁有「名字」的每個人，都應該去交換正面的評價資訊。

我想，可以支持這種想法的意見，還可以舉出社會心理學家山岸俊男在網路拍賣的相關研究。在網拍上，如果沒有一定程度的「匿名性存在」（不知是何處的哪個人）來參加，就沒辦法成立。而買家跟賣家從一開始就互知對方是誰的這種狀態，就拍賣性質而言，根本不應該如此期待。如果參加過網拍的人應該很清楚，這種「匿名性」的存在會伴隨著「賣家會不會故意賣假東西給我？」的疑問。

這種疑問在經濟學領域中，被稱為是「檸檬市場」。「檸檬」指的是俗稱的「中古車」。中古車這種商品從買家的角度來講，很難判定是否曾發生過事故？而跑過的里程真的只有碼錶顯示的那樣嗎？知道實情的只有賣家而已，而賣家可以利用這種「知識落差」來欺騙買方（針對「檸檬市場」論述過的經濟學家喬治・阿克爾洛夫〔George Akerlof〕，把這種買家跟賣家間的「知識落差」，稱為「資訊不對稱性」）。

那麼，在網拍市場裡要如何解決這種「檸檬市場」的疑慮呢？之前提過，想要一開始就在有信任關係的夥伴間，建立「內部」空間的做法，就網拍性質而言是很難辦到的。那麼，如果把有問題的賣家給予「惡評」，然後把他們趕出去呢？可是網拍的匿名性很高，也很容易再進入，所以「趕出去」的這種制裁方法很難發揮什麼作用。既然如此，不如互給對方好評吧？得到好評的人就會想繼續維持好評價，而好評也會發揮它招來新買家的功能，因而能夠起正面作用。對於這種現象，山岸以「個人品牌化」來表現。

說出「總表現社會」與「多稱讚別人」的梅田，對於部落格所抱持的期待，當然是在於這種「個人品牌化」的意義上所帶來的活化效果。如果從梅田的眼睛去看日本的「網路社會」，也許那只是個充滿了玩笑、憤恨與互扯後腿的所謂「評價資訊之通貨緊縮螺旋」式的存在。那些在2ch裡消耗無數時間，不去享受「自我表現」的大好機會，反而埋首於2ch這種「內部空間」的人，在裡頭虛耗每一天，這些人看來可能很不幸而且愚蠢吧！所以梅田才會把2ch的存在，從實現「總表現社會」的服務清單中給剔除掉了。

美國是互信社會，而日本是安心社會？

當我們如上述般，把美國部落格與日本2ch等各自的社群網站擺在一起比較時，會發現其中反映了二十世紀以來，就被人以「日本社會論」的形式，不停討論的「美國是個人主義，而日本是集團主義」的公式。換句話說，展現了美國（西歐世界）是「由獨立個體所組成的公民社會」，而日本則是「村莊共同體，等於內部，等於把個人埋沒在社會中」的這種兩相對立的公式。

雖然這種公式在各種情況下受到批判，指其過於單純的理解社會之存在。就社會科學的層面來說，欠缺了洗練與清晰度。但筆者在了解這點的同時，也不得不覺得已經進入了二十一世紀的今天，而且還是在網路這種被宣稱為能「超越國境」的世界裡，這種兩相對立的公式居然還顯像得如此清晰，不禁讓人覺得某種日本社會論的「磁場」，至今還深刻的殘留在我們社會裡。

另外，先前介紹過的山岸，則反對使用這種「個人主義」與「集團主義」的用語。因為集團主義這個詞，給人一種萬劫不復、永遠獨屬「日本人性質」的印象。

山岸也援引了經濟學家青木昌彥的「比較制度分析」，指出這種日本集團主義／美國個人主義的文化特性，根本是基於賽局理論式的「均衡」想法所觀察而來的結果——也就是說，大家在「別人應該會那麼做，所以我就這麼做」的假設性期望下，造成了這種結果[13]。換言之，那當然不是「日本人在遺傳上的本質」般，擁有不變的性質。

對此，山岸提議以「互信社會／安心社會」來區別[14]。前者指的是美國，而後者指的則是日本。就像很多人知道的，山岸的社會心理實驗很獨特且有趣。他把日本人一般覺得「日本是集團主義，而美國是個人主義」，所以美國人大概比較不容易信任別人的這種想法，由實驗來證明，事實恰恰相反。之所以會發生這種現象，是因為在美國這種人口流動性極高的社會裡，人們為了能在不確定的環境中，找到好的談判與合作對象，首先，就必須先把對陌生人的信任度設定得高一點，然後再慢慢去判斷與修正。這麼做比較符合效率。而山岸把這種測量對手信任度的技巧，稱為是「社會性智慧」。而這種技巧得以在社會整體成員間獲得發展（進化）的社會，則被稱為是「互信社會」。

相反的，由於日本社會的關係流動性極小，通常大家會先建立起黏答答的互存關係後，再由「內部」成員互助合作。之所以產生這種現象，是因為在人際關係沒什麼流動的狀態下，對於自己附屬的團體，秉持「偏袒自己人」的態度、不背叛自己人的做法，就結果而言是比較合理的方式。在這種空間裡，要時刻注意裡頭的人際關係，究竟誰是「夥伴」、誰是「外人」（敵人）一定要分清楚。因此，「量測關係的智慧」便得到了進化，這便是山岸的說法。至於「讀空氣」（日本社會用語，亦即華人的「看風向」）現象，應該也算是其中之一吧！在這樣的社會裡，從「個人」層次來判斷誰能信任的「社會性智慧」並不被需要，需要的是從「集團」角度，辨別誰是朋友的區分人際關係的智慧。而山岸將這種社會取名為「安心社會」。

由此可知，山岸的理論是採取對比結構。他把「個體」間建立關係的做法，稱為「互信」，並把個體先看屬於哪個「集團」後，再建立關係的做法稱為「安心」。在這種公式下，本章一路討論過來的兩種社群網站之特性——個人間互換評價資訊的部落格，與藉由歸屬於「2ch民」這個巨大內部，來選擇合作對象的2ch——我想被很清晰的反映了出來。

從2ch論到日本社會論

不管使用的是「個人主義／集團主義」這個用詞，或是山岸說的「互信社會／安心社會」，至少，在2ch這日本特有的社群網站進化過程中，似乎看得出某些反映日本社會的社會傾向與性質。在有了這層認識後，我們對2ch這個社群網站的評價，我想，會跟至今為止的日本社會論一樣，分為兩大立場。

來參考一下文化人類學家青木保的《日本文化論的變貌》(「日本文化論」の変容)，他指出，戰敗後的日本社會論，圍繞著露絲·潘乃德（Ruth Benedict，一八八七—一九四八，美國人類學家）所說的「集團主義」這項日本社會性質，分成了兩大立場。也就是：

第一項立場——特別是在戰敗後的時期，大部分的日本社會論都主張，日本社會的集團主義特性，正是造成日本完全敗給近代西歐的原因，絕對要改正。

第二項立場——相對於上述說法，主張在經歷了高度成長的日本，完成經濟大幅成長後，日本的集團主義特性，反而是支撐日本高度產業化與急速成長的原動力。

如果讓我們很簡單的來描述，就是二分成這種否定／肯定的立場。

這種對立的構圖，在2ch上也可說反覆不停的出現。例如，對於梅田那樣抱持「網路能讓人自我表現」信念的人，應該會覺得2ch在對於表現個體毫無幫助的架構特性上，是必須被否定的吧！不！甚至可以說，對以個體（表明名字）來進行言論活動的人而言，2ch披上了匿名面紗、不需負擔一絲一毫被反擊批判的風險，反而變成是毀謗中傷的「絕對安全地帶」，在這個特性上，可以說是必須剷除的。

此外，山岸也覺得既然日本社會在全球化影響下，今後無法避免流動化的趨勢，那麼就有必要從以往的「安心社會」轉變為「互信社會」——近來日本社會中發生的許多問題，都是因為無法應付這種環境的改變，仍舊以「安心社會」的模式來運作，所以才會發生——他如此表示。也就是說，在高流動性的社會裡，「安心社會」的運作法則，已經不合理也不合乎效率了。

若站在這種觀點上，像2ch般的集團主義／安心社會型的社群網站，應該是被當成了需要否定的吧！但它們卻依然扯曳著舊態不改的日本社會習性，而正因如此，更應該否定它們。如果依循著日本社會論的脈絡來看，尤其是許多戰後的知識份子，都覺得日本社會（在不同於達成「產業化」的意義上來說）在執行「近代化」這件事上算是失敗了，他們祈求有一些辦法，來實現自立自主的公民社會。從這觀點上來看，2ch應該被當成了日本至今依然成就不了「現代化」這項計畫，而且人民水準低落、公民社會也不成熟的表現吧！

但就另一方面而言，就像本書討論過的一樣，2ch也可以看成是在沒有Google的網路空間上，仍舊以有效流通文字資訊的「生態系」現身，並維持至今。從前於二〇〇四年左右，那之前頻繁發生的「狂歡」現象，使得2ch差點畫下了休止符，也有人在討論「2ch時代的結束」[15]。但二〇〇八年的此刻，2ch仍舊健在，這件事所代表的，是不管如何這個社群網站的表現都很傑出。

如果要追究這種傑出表現是從何而來，我想，那應該是因為2ch的匿名留言版架構，與日本的集團主義／安心社會的做法、習慣與風俗都很適合吧！就像從前高度成長後的日本社會論，給予了集團主義性質那麼正面的評價般，我們也能這樣去「評論」2ch。

上一章曾提過的經營學家藤本隆宏，就表現出了比較近似這種想法的態度。例如，他在說明以豐田汽車為首的日本汽車產業優點來自何處時，就做出了如下說明[16]。汽車這種工業產品，原本就有難以把設計階段所構思出來的機能，原封不動「複印」到組件（汽車的場合主要是「金屬」）上的特性。也就是說，在汽車製造上，會像「一提升了最快速度，就會產生輪胎摩擦問題」般，一旦要追求某種性能上的突破，就很容易出現零件間的相互依存問題（相互影響的程度）。相反的，在很難把零件一個個分開設計及開發的這層意義上來看，我們也能說汽車的「模矩化程度」（分割的可能性）很低。為了讓這種低模矩化的產品達到高品質的完成度，需要踏實且耐心的去進行各部門與部署間的調整與協商，也就是所謂的「磨合」過程。藤本分析道，日本的汽車產業之所以表現卓越，難道不就是因為日本的企業與組織文化，很適合進行這種「磨合」過程嗎？

另一方面，如果引用經濟學家卡麗斯・鮑德溫（Carliss Y. Baldwin，一九五〇—，美國經濟學家）與金・克拉克（Kim B. Clark，一九四九—，美國經濟學家）的觀點來看，美國IT產業之所以發展得特別好，也能看成是因為包含PC在內的產品，都需要高度模矩化，而這剛好適合了美國的組織文化。換句話說，美國的「事前以契約明確確認業務範圍、徹底分工並盡力減少『磨合』發生」的這種組織文化，很適合發展資訊技術。

綜上所述，不管對2ch肯定也好、否定也罷，它都在日本社會論的構圖中占有一席之地。我不打算偏袒任何一方，但2ch的存在，對於正不斷改變的日本社會將會走往哪個方向，也許是我們在測量方向時的「試金石」——這是我的想法。

Hatena Diary與「文化轉譯」

那麼，為了思考上面所看到的「架構與文化的融洽性」，最後，我想再多提一段小插曲。那就是名為「Hatena Diary」的部落格服務。

二〇〇三年時，當只有網路上一部分人知道部落格的存在，「Hatena Diary」登場了。它具有（自動連結文章關鍵字的）「關鍵字連結」系統，可以用來取代「引用」這項相互連結機制，在當時的部落客間頗獲好評。

相對於「引用」是必須由用戶主動操作的機能，這種機制在由關鍵字自動串起用戶的特點上，活用了「架構」特性。而關於這一點，東浩紀有如下說明：

> 依我看來，大部分Hatana Diary的使用者，一開始都只打算開一個自己的日記網頁而已。但一開始寫日記後，在不知不覺間，卻藉由關鍵字被半強迫的跟整個團體產生了連結。本來只是打算寫日記，但文章中卻莫名其妙出現了一堆超連結後，自己點進去看，發現有關鍵字。然後四處看了一下後，發現有些關鍵字的解釋實在是無法苟同（笑）。於是，就產生了想把它改過來的動機，結果，自然被引導去修改與創作關鍵字了。而這種過程，實際上發揮了作用，所以我覺得這種誘導方式真是滿厲害的。
>
> ——東浩紀，〈多樣性的詭論與「設計者的設計」問題 ised@glocom設計研第二回〉，二〇〇五年

Hatana Diary就以這種架構上的「導線設計」，成為當時極受好評的人氣部落格社團。Hatana股份有限公司的近藤淳也，曾就其中的重要因素，在某項專訪中做出了下列回答：

美國設計的部落格最大特徵就在於引用。可以在引用的部落格裡，傳達「我引用了你的文章喔」的這種機能，能把網站相互連結，產生交流。（略）

但說起來，日本人在跟不認識的人攀談這件事上，很不擅長。引用是跟不認識的人清楚且有意識性的連結，就好像我們有時在電車上，旁邊的人正好跟我們看的是同樣的書，於是，我們就跟對方聊起來一樣，或許可以說成是這種感覺。

Hatana Diary的機制，是文章中的關鍵字會跟其他用了同一個字的網站，自動產生連結，所以就算不主動去做，也會自動跟別人產生關係。這種在不知不覺間建立起連結的方式，很適合內向的日本人。我想以結果來講，這種微妙的「空間」是被日本使用者接納的理由之一。

——〈近藤淳也「和製部落格網站」的先驅者、日本第一的祕密
——近藤淳也Hatana社長〉，《*NIKKEI NET*》，二〇〇四年

近藤認為，引用是由使用者自動面對面，跟對方說「我連結你了喲」的通知系統。對於擁有所謂「恥感文化」（班納迪克舉來與「集團文化」並列為日本文化特性之一）的日本人來說，會覺得這麼做很不好意思。相較下，Hatana Diary透過了「關鍵字」這個緩衝器來緩和，讓彼此不用面對面就能互相連結。所以，Hatana Diary可以免除掉「丟臉」的心理負擔，不斷向外連結。正因如此才會受到日本人歡迎吧！這就是近藤想說的事。

當然，現在除了Hatana Diary，也有許多其他部落格系統大幅成長，而且日本的使用者間，也不能說是絕不用引用機能，因此，近藤的上述觀察，在現在應該可以說已經漸漸失去了正確性。

即便如此，近藤上述那種開發Hatana Diary的手法，在表現了「文化轉譯」、非「軟體翻譯」的特點上，我想至今仍是值得重視的一段話。我們光把英語圈所使用的軟體介面翻譯過來，有時在日本完全打不進市場。在這種時候，需要的是一腳踩進軟體的架構內，配合日本在溝通上的文化、做法與習慣，來做出改變。而近藤這種架構設計的思想，可說很精準的掌握住藤本的「架構與文化的融洽性」。

那麼，在本章提到的2ch跟Hatana Diary，以及下一章會開始提及的Mixi、Winny

與NICONICO動畫等日本社群網站的進化史中，我們應該可以看出「架構」在「日本文化」中一路磨合過來的過程——不論設計者是否對此有所自覺。而這點也將是本書往後的「通奏低音」（巴洛克音樂的曲子結構特色，在此被用來比擬為貫穿文章的低調主軸）。

1　S／N比指的是「信號跟雜訊的比例」，在資訊理論裡，這個比率愈小所代表的是雜訊混進率愈高，甚至會失去資訊清晰度。

2　這指的是當帖子在一定期間內沒有新留言，會被判斷為過度閒散，從帖子一覽表中剔除（當帖子留言數達到最高投稿限制時，也會發生同樣情況，這種情況雖然不稱為「.dat歸檔」，但在這裡筆者故意不加以區分，而使用相同用語）。也就是說如果想繼續在帖子上留言（以發揮社團機能），為了避免發生「.dat歸檔」狀況，必須定期在帖子上寫些什麼回應（這被稱為「保存」）。

3　在「2ch專用瀏覽器」上，可以表示出諸如每天留言數有「三〇〇」條一樣，顯示帖子的「興旺度」（帖子消費速度）。

4 〈Hiroyuki談「2ch」與「NICONICO動畫」——遊戲、社群與文化〉，《4Gamer.net》，二〇〇八年（http://www.4gamer.net/games/015/G001538/20080301003/）。

5 二〇〇四年左右在2ch上的重鎮，被公認為是「新聞快報版」，這是個主要討論新聞時事的留言版。順帶一提，北田曉大《嗤笑的日本「民族主義」》（嗤う日本の「ナショナリズム」）中所討論的對象就是這個版。但在二〇〇四年某一天，在這個版上不知從哪裡冒出了一堆跟時事毫無關係的帖子，這些帖子都是像「我媽今天怎樣怎樣」的「可有可無的家常閒聊」（糞帖）。而這些帖子大部分都是故意找新聞快報版的住民尋開心的玩笑。正視這個問題的新聞快報版，為了把這些「糞帖」給趕出去，想出了「kuso機能」。而在這種2ch「內戰」下所誕生的結果，就是VIP版。

5 〈「NICONICO動畫是二〇〇七年最成功的線上遊戲」聽網路社會學的年輕評者濱野智史談網路社群〉，《4Gamer.net》，二〇〇八年（http://www.4gamer.net/games/033/G003334/20080304041/）。

6 共同社區（Gemeinschaft）與法理社區（Gesellschaft）都是由德國社會學家涂尼斯（Ferdinand Tönnies，一八五五—一九三六）所提出的古典概念。基於地緣或血緣建立起的社會團體，被稱為共同社區，而像企業組織或大都會般建立在利害關係上的人為組織，則被稱為法理社區。

7 北田曉大在《嗤笑的日本「民族主義」》中使用「『連結』的社會性」，在《廣告都市・東京》（広告都市・東京）中，則寫成「結連的社會性」，本文在此統一使用「連結的社會性」。

8 鈴木謙介《暴走的網路》（暴走するインターネット），EastPress，二〇〇二年。

9 〈【磨】應該說是網路蝗蟲〉，《ＩＴ新聞：iza》，二〇〇七年（http://www.iza.ne.jp/news/newsarticle/40383/，連結目前已移除）。

10 班納迪克·安德森（Benedict Anderson，一九三六—，美國社會學家），《想像的共同體》（增訂版），一九九七年。

11 梅田望夫很少提及2ch或NICONICO動畫，雖然從前他在《CNET Japan》連載的部落格裡，曾發表過關於《電車男》的文章，也曾在部落格裡寫到他收看「羽生對中川」戰之事，不能算完全沒有提及，但至少在他的書裡，從來不曾提過這些網路服務。

12 梅田望夫，〈相信直覺、相信自我、貫徹喜好、讚揚別人！有空挑人毛病，不如自己做〉，《My Lofe Between Silicon Valley and Japan》，二〇〇七年（http://d.hatena.ne.jp/umedamochio/20070317）。

13 山岸俊男，《為何日本的「安心」消逝無蹤？》（日本の「安心」はなぜ、消えたのか），集英社International，二〇〇八年。

14 山岸俊男，《被心耍著跑的日本人》（心でっかちな日本人），日本經濟新聞社，二〇〇二年。

15 東浩紀、北田曉大等，〈論「2ch時代」之結束〉，《ised @glocom（關於資訊社會倫理與設計之跨界研究）》倫理研第一回之共同研討第一集（http://ised-glocom.g.hatena.ne.jp/ised/20041030）。

16 藤本隆宏，《能力構築競爭》，中公新書，二〇〇三年。

第4章

為什麼日本跟美國的SNS不同？

●mixi／Facebook

Mixi「招待制」的特殊性

這章要來看的是日本最大的SNS「mixi」，以及自二〇〇七年後，急速成長的美國SNS「Facebook」。

現在，筆者把這兩個都以一般的「SNS」來稱呼，而這個稱呼到目前為止都還沒被定義過，就這麼一路沿用了下來。如果一定要賦予它一個定義，那它的意思應該是「以在網站內架構（networking）起朋友及熟人關係為目的，登錄及公開個人資料與朋友名單等的社群網站」吧！

在我的想法裡，雖然日本與美國同樣都把這類服務稱為SNS，但在架構上卻有極大的差異。以下，我想來進行這兩者的比較。

在日本的網路服務中，mixi一直被認為是急速獲得了龐大用戶量的網站服務。二〇〇四年開站，一年後的二〇〇五年八月就已經有了一百萬名用戶。而到了二〇〇六年七月，增加到了五百萬名用戶。在撰寫本書的二〇〇八年七月，則達到了一千五百萬名用戶。究竟，是什麼要素讓它成長得這麼快呢？

在它這麼快速成長的同時，更讓人驚訝的是要成為mixi用戶，必須要先接到已經使用mixi的用戶「邀請」才行。此外，mixi裡的所有網頁，非用戶就無法點進觀看。也就是說，mixi是我們在上一章為止所談到的與「網路」隔絕（就算點進去也不能觀看）的空間。在此，讓我們把mixi這種特徵稱為是「邀請制架構」。

其實從全世界來看，採用這種「邀請制架構」的SNS是極少的少數派。例如被譽為全球最大SNS的MySpace跟Facebook，也都不需要邀請就可以加入。在日本，最早以「SNS」為人所知的，應該是二〇〇三年由Google員工所開發出來的「orkut」吧（尤其是在某些網路使用者間，瞬間造成了話題）！但orkut也不是邀請制。此外，後來在美國急速成長的SNS裡，大部分也都不採用這種機制。我想，搞不好在日本的網民眼中，不用登入就能觀看用戶資料的「開放型」MySpace，才應該被稱為部落格或「個人網頁」。

一般而言，像mixi這種邀請制架構，與不需邀請的非邀請式（自由註冊式）相比，後者應該比較容易招攬到用戶吧！從前MySpace的創辦人，在開始提供日本服務時就曾經對採訪的媒體表示，MySpace「是任何人都可以自由註冊的服務，所以會比邀請制的mixi成長得更快速」。

但他這種推論，至少在日本而言卻是錯的。因為後來在日本還出現了許多成立得比mixi更晚，並且和MySpace一樣屬於非邀請制的SNS，但最後的結果卻是mixi獨大。

如果稍微停下來想一下，就會發現這件事很奇怪。因為基本上大多數的網路服務除了追求用戶量的增加外，並沒有明確的經營型態。若果如此，那mixi這種邀請制的機制正意味了「高門檻」應該不會受歡迎才對呀！但話雖如此，mixi至今仍堅持採行邀請制，而且在擴大用戶數這件事上，也成長為日本數一數二的網路設施。在此可以發現mixi採行了理論上難以增加用戶數的「邀請制」，但結果卻獲得了日本最多用戶的支持。

如上所述，在比較日本的mixi與世界主要SNS時，會發現雖然兩者都冠上了SNS這種服務名稱，但就mixi自絕於網路的特性而言，在性質上兩者還是有著諸大差異。問題是，為什麼這種「邀請制架構」卻在日本成長得特別快呢？

為什麼封閉式的mixi會受日本人歡迎？

為什麼封閉式的mixi在日本特別受歡迎呢？針對這個問題，一般想法是mixi與「外面」的網路空間相比，是個安全且讓人放心的社群。

而mixi本身，也對邀請制的機制說明如下：

基於想創造出健全又令人安心的舒適社群，我們採行了需要邀請才能註冊的網站機制。

——〈註冊「mixi」〉，節錄自mixi官方網頁

反過頭來說，從這句話裡可以讀到，散布在mixi外側的網路空間是不健全的、沒辦法安心使用、是不舒適的，有這些含意。而這種對於「網際網路」或「全球資訊網」的負面觀感，的確在日本使用者間，或多或少是共有的情況。

雖然這只是一種印象論，但一直到二〇〇〇上半年為止，網際網路對於不太使用網路的人而言，具有的是以「2ch」為代表，充滿了「毀謗中傷」、「炸彈製作方法」、「犯罪預告」、「網路自殺」等陰暗地底世界的印象。

另外，在mixi開始提供服務的二〇〇四年左右，日本開始出現了各種部落格，而伴隨來的「垃圾連結」湧入留言與引用的問題也引發正視。再加上，那時候剛好是零星出

現了被稱為「炎上」與「垃圾留言」等問題的時期，不管想在部落格裡發表什麼有意義的言論，都會出現來「亂版」的使用者，最後，很難在部落格上好好討論。這些批判意識，開始出現在某些部落客間。

我認為在日本網路上，這種生態系之所以被認為「濁亂」，其背景泰半是因為日本獨有的社群網站進化史。就像本書中一路看到的一樣，二〇〇〇到二〇〇五年的日本網路，一方面有2ch發展出巨型的網路空間，一方面又有Google與部落格隨之迅速的普及開來，形成了網路上混雜了截然不同生態系的情況。而這些做法與習慣互有所異的使用者們，隨便就能在網路上（反正只要用Google搜尋，然後點進連結就行）發生衝突的環境，對於部落客而言充滿了壓力[1]。

就在此時，mixi這項SNS，以從猥瑣繁雜的網路空間「隔離開來」的架構之姿，出現在眾人眼前。如果要說什麼，我想mixi是一種實現了「從Google逃離」的架構吧！[2]

從「禮貌性迴避」到「強制性面對」

為了要瞭解mixi在架構上的特質，我想談一下mixi出現的幾個月前，日本部落格上蔚為話題、被稱為「禮貌性迴避」的爭論[3]。

這個爭論，是圍繞著「隨意連結」這個可說是眾所皆知、必然會在網路上形成（無結論、無結束）爭辯的話題。就像第二章確認過的一樣，全球資訊網的架構基本性質是在於「連結」。不管誰都能點進網上的資源，這便是全球資訊網這項資訊系統的基本思想。但所謂連結，是被連結的人（如果不使用連結分析等手段）不會知道自己被連結了。也就是連結別人的人，可以「自由的」進行連結，但站在被連結的人的角度，卻會覺得自己是被「隨便」、「擅自」貼上了連結。

所以，網路上常常有人主張（請求）「停止這種『隨意連結』的行為」。而針對這點，反對的人也說「連結本來就是全球資訊網的本質機能，如果你不讓別人連結，也太奇怪了吧！」接著，針對這種說法又出現了反駁意見：「可是也要尊重別人不想被連結的自由呀！」然後再接下來，「不對不對，連結是全球資訊網的基本思想，討厭的話你就別上網呀！」……像這樣，關於「擅自連結」的爭辯，在堅持網路基本思想與抱持反對意見的人間，形成了兩條議論的平行線。

而「禮貌性迴避」這句話，為這種爭論帶來了新觀點。這個意思是這樣的：例如在某個地方，有個人偷偷摸摸的寫著他的網路日記，有一天，另一個人覺得「這天的日記很好玩喲！」所以就把它（擅自）貼上了連結、分享給別人看。這麼一來，發現自己被人連結的人，覺得自己偷偷寫的東西被很多人讀過了很討厭，於是刪除日記或關掉網站……。這種因為擅自連結而關站的事很可惜，為了避免這種事的發生，難道不應該儘量控制擅自連結的舉動嗎？關於「禮貌性迴避」的爭論就是源起於這種問題。

點起這場爭端之火的作家松谷創一郎，將這種「避免擅自連結」的作法，以社會學家高夫曼（Erving Goffman，一九二二—一九八二，美國社會學家）的「禮貌性迴避」來詮釋。這句話的意思，是在像馬路或電車這類公共空間（不特定多數人存在的空間）中，人們會避免視線上的接觸（就算接觸了也會馬上移開）等行為，採取一種在儀式上表現出「彼此互不關心」的作法。也就是說，在都市空間中，人們儘量不表現出自己的想法，竭力偽裝對人毫不關心的作法才是禮貌的。而這種「禮貌上的不關心」難道不應該也應用在網路上嗎？這就是松谷所提出來的疑問。

這場爭論最有趣之處，是最後發現這種「禮貌性迴避」的作法，其實是因為「擁有想偷看別人日記的失禮欲望」所以才提出來的。因此，爭論的主體被轉移到了「說起來，想偷看別人日記根本就很低級呀！」的這種針對欲望對錯的討論，所以也就話下了尾聲。不過，我想這裡頭其實展現了很有趣的觀點。

一般而言，網路機制是當貼上了連結時，被連結的網路伺服器上，會留下「從哪個網頁連過來」的所謂反向連結的資料。例如在「Hatana Diary」或「tDiary」[4]上，就可以自動顯示「連結過來的網頁」清單，所以機制上可以知道從哪個網頁、怎麼連結過來的。但相反的，「禮貌性迴避」的作法則是雖然觀看別人網頁，但卻不貼上連結，也不使用反向連結通報對方，使對方不會發現「現在某個地方有人在看我」，所以是一種為了偷看而使用的手法。

其實這種近似「禮貌性迴避」的手法，在2ch文化圈裡老早就常被使用了。比方說，2ch等處常會看到以「ttp://……」起頭的URL拷貝貼網址，這是鼓勵大家直接在瀏覽器的URL欄裡打進網址，以避掉反向連結的追蹤，直接觀看對方網頁。另外，在2ch上，只要一貼上了URL就會自動變成連結。而一點進連結後，機制上會先讓中間夾帶一個「http://ime.nu /……」的夾滿廣告的網頁。只要夾帶這種「中間網頁」，被連結的網路伺服器，就算能從反向連結得知「自己被2ch過來的網頁連結了」，但也無法知道到底是從哪個帖子連過來的。

這種「能安全偷看對方（不留反向連結給對方）」的舉動，如果以比喻來說，就有點像是手機剛有照相功能時，人們會偷偷以不被任何人發現、假裝自己正在看手機的畫面，然後若無其事拍照（偷拍）一樣。

我為什麼舉這個比喻呢？因為後來這種丟臉的「偷拍」行為，被透過了在手機上搭載「不能關掉拍照聲」的架構裝置，而被限制成在一開始就已經封殺掉（徹底防止「偷拍自由」）的情況。如果以雷席格的話來說，就是在防止「偷拍」這件行為上，不去要求大家遵守「不偷拍」的規範，反而藉由「偷拍一定會啟動拍照聲，所以實際上辦不到」的架構方式來執行限制。

在mixi的架構上，也確實的提供了等同於這種「拍照聲」的機能，那就是「足跡」。在mixi裡，透過追蹤使用者登入網站後的行動，可以知道有誰看過了自己的網頁。而這種機能不但能讓被連結的人（被看的人）馬上發現別人連結自己的事實，也能讓「禮貌性迴避」式的讀取方式，也就是不張貼連結、直接讀取的偷看行為，在實際上不能發生。mixi利用這種架構上的「足跡」機能，把「禮貌性迴避」的模制化行為，轉化成了「強制性面對」——誰對誰表現出興趣，完全可以一目了然。

延續2ch，mixi上也可見「連結的社會性」

mixi的架構，是隔絕沒受到邀請的外人，只讓受邀者入內。然後會逐一追蹤內部居民的行蹤歷程，把居民「偷看」的自由給剝奪掉，讓「足跡」這項「強制性面對」的禮儀自動產生，是諸如上述這樣的架構。

那麼，若以接近建築（architecture）的字義來比擬mixi這種架構（architecture）特徵，應該可以比擬為「門禁社區」（gated community）這種一般人孰知的美國富裕階級居住的高級警備社區吧！那種安心又安全的社區維持方式，在某些對網路抱持「理想主義」的人眼中，是種應該否定的架構。

我在這裡所說的「理想主義」是什麼意思呢？在mixi出現的二〇〇四年前後，大海另一側的美國，有些以部落格新聞與SNS從事政治活動的例子受到了矚目。藉由網路進行「民主主義的再民主化」，或實行「電子公共圈」的可能性，都受到了大肆宣揚[5]。

但與美國這種情況大相逕庭，日本的mixi做為一種逃離的「cocoon」（繭），讓人逃離提供了與預期外他人接觸及討論機會的網路「公共圈」，並受人歡迎。而且，如果在這個安全的內部空間裡，大家去討論些有益的公共話題也就算了，mixi上的群體幾乎每天都在確認朋友間的無聊日記、回應以及「足跡」而已。至少，筆者少見寡聞，還不知道有什麼mixi上的日記與群體的話題，已經超越了mixi的藩籬，被外部的眾多讀者閱讀過[6]。

這種mixi的交流方式，很完美的應證了上一章介紹過的北田曉大所說的「連結的社會性」性質。所謂「連結的社會性」，主要含意是去進行一些沒什麼特別目的、純粹確認彼此「有所連繫」的自我滿足式交流。而mixi的「足跡」機能，讓人們不需要在回應欄裡留言，就能把「我讀過你日記囉」的這項「事實」傳達給對方。就這層意義上來說，可以說是以架構實現了「連結的社會性」機能。

很諷刺的，就算是匿名度極低的mixi，最後也展現了與匿名留言版2ch相同的特質。也就是說，最後在日本的網路上，是由匿名留言版2ch與門禁社區式的mixi等，帶有同種「連結的社會性」特徵的社群網站抬頭。在日本，終究還是無法實現「電子公共圈」的計畫，年輕人只耽溺於「連結的社會性」中。我想，尤其對於那些覺得網路有可能讓人實現理想大夢的人，肯定深深痛恨這種mixi的存在吧！

應該要批判「連結的社會性」嗎？

不過，在此要再停下來思考一下，為什麼2ch跟mixi這種「連結性」會受到這麼多的批判？因為「連結」這個字眼如果放在不同脈絡裡頭，不少時候都可以用在肯定的意思上。

例如，如果放在商業或地區活化性的脈絡中，相同的「連結」（network）字眼，卻可以變成討論「人脈」或「社會資本」（Social Capital）重要性時的主要觀念。此外，美國SNS「LinkedIn」[7]對於美國生意人在「換工作」及「建立人脈」（networking）上的助益，也是眾所熟知的事。

那麼，為何相同的「連結」概念用在年輕人身上就是負面說法，而用在生意人身上卻是正面說法呢？結果，背後其實存在著交流技術究竟是被「instrumental」（工具式）使用，或是被「consummatory」（享樂式）使用的兩套公式。說來，就是交流技術應被有相當技能與知識的「成熟」使用者，以達成目的的「工具」（手段）來使用。但「年輕人」也沒什麼特別的目的，就把網路上的交流拿來「自我滿足」，在2ch或mixi之類的地方鬼混，這怎麼行呢？就是這麼一回事。

不過，筆者倒覺得這個公式有點問題。為了不釀成誤會，我要強調，我認為有問題的並不是「（批判）年輕人論」，而是「分析精密度」這項觀點。因為，上述公式裡，「是否擁有目的」（在使用目的上，有沒有自覺）的這項曖昧觀點，可以任意畫下「工具性」（成熟的）／「享樂性」（幼稚的）的分界線。

請讓我再釐清一次，本書的立場是從「架構」觀點上來解讀2ch與mixi等服務。正如第一章中確認過的，架構（資訊環境）在假設上的特徵，在於一開始就不讓使用者意識到自己正在自覺性使用。既然如此，以資訊環境的利用者有無「使用目的」來做為分析的主軸，就原則而言，毫無意義。我們應該做的，其實是去了解為什麼大家會在無意識下追求mixi式的架構，並解析其中的機制。

mixi式的人際關係GPS

到底人們在mixi上追求的是什麼呢？本章已就這點以「逃離Google」及「連結的社會性」等用語說明。在使用mixi的年輕人裡，不少人是所謂的「mixi中毒者」，只要一有空就會拿起手機來確認「my mixi」（mixi上的「朋友」）上的朋友日記更新了沒，不然，就檢查「足跡」。到底這些人為什麼會對mixi沉迷到這種地步呢？

在思考這個問題時，我們可以來想一下，近來執著於手機「回信速度」（等多久才回信）的這種（被認為是）年輕人特有習慣。為什麼年輕人一定要儘快回信呢？理由就在於回信速度這項檢測儀，是測量「目前彼此的關係有多親近」的指標。

舉例而言，社會學家土井隆義在《友人地獄》（友だち地獄）裡，就把連三十分鐘也等不及、立刻就要回信的年輕人行為，比擬為手機「GPS」（定位系統）。年輕人藉由數位交流方式，來測量人際關係這種曖昧的「距離感」，並且確認自己到底是處於哪個「地位」。

mixi也提供了相同的功能。mixi在架構上的特徵，在於「只登入mixi」、「只看別人日記」的這些網站裡的行動，很容易會對自己與別人形成「意義」。而「足跡」正是其中一項。此外，mixi還會自動去記錄「上次是什麼時候登入」的登入資訊，連別人也可以查看。換句話說，藉由自動記載並讓人檢視各種活動記錄的做法，mixi成為能提供認識、評價、解釋與推測人際關係「距離感」這種曖昧存在的resource（資源）。

如果把這些資源（資訊）組合起來，諸如「那個人常登入，可是不常來看我的網頁」、「我常看那個人的日記，可是他完全不看我的」之類的事，若真想在乎，可說是無止盡的。而會在乎的時候，都是在人想找出「現在那個人好像對我有興趣」、「我是不是被忽視了？」、「那個人現在可能喜歡我」這種人際關係「解釋」的時候。

正如俗話所說「朋友以上、戀人未滿」一樣，會迷上mixi的理由之一，就在於是否把曖昧流動的人際關係給帶進了mixi。雖然沒有經過統計調查，但我想特別沉迷mixi的人裡，有一些應該是「大學新鮮人」。他們／她們在入學後，就馬上把班上同學及社團朋友登錄到mixi的朋友清單上，然後每天藉由日記跟回應進行極其瑣碎的交流。之所以會發生這種情形，是因為剛進大學時，正是人際關係（同時在實際／精神的雙重意義上）的「流動性」攀升得特別快速的時候。也就是說，相當於計測人際關係距離的工具被急速需求的時期，就是這麼一回事。

若是這麼一路想下來，也許mixi不能被說成是自我享樂式、也就是沒有目的性的交流工具。的確，mixi上的日記跟回應、足跡等各種交流都沒有什麼可看性，完全只是為了要確認「連結」而做的行為。但藉由這些交流卻能測量人際關係中微妙的「距離感」，而這可以說正是使用mixi的人，在底層意識裡（無意識）的「使用目的」之一吧！

「mixi安全神話」的崩毀——恥毛漢堡事件

為了研究內隱的mixi使用目的，讓我們再來舉一個十分有意思的例子。這事發生在二〇〇六年十月，某大電機廠商的員工因為真名與私密照等資料被大量外洩到網路上，結果釀成了極大風暴，俗稱為「恥毛漢堡事件」。這起事件的名稱正取自這些外流照片的特徵。

事件的這位主角，因為使用了P2P軟體「Share」而電腦中毒，使得資料外流，引爆了整起事件。這起事件到這一步為止，都還只是一般P2P上的個人資料外流事件，但因為一些用戶開始對照線索去搜尋，藉由mixi上的個人資料與日記等資訊，來猜測這名員工的真名。結果，這名員工的私密照便在網路上被四處傳閱開。類似的事件從以前起，就發生在2ch跟部落格的臨界點上，形成眾所注目的「網路霸凌」與「炎上」問題。最後，居然連mixi也成了矛頭的焦點，因此在當時引起極大矚目。而受這起事件影響，大家開始口耳相傳mixi的「安全神話」已經崩毀了。

可是，關於這起事件現在值得我們重新注意的焦點，是為什麼mixi上的個人資料會外洩呢？乍看之下這個問題好像很容易回答，因為mixi的個人資料與日記內容，可以從

「開放給全體觀看」到「僅開放友人觀看」等，做成不同的設定。可是當時mixi的預設值是「開放給全體觀看」，所以只要一進了mixi的圍牆內，就算是惡意用戶也可以瀏覽別人的資料。而受這起事件影響，mixi的營運人員馬上就把公開真名的預設值，調整為「僅開放友人觀看」。

可是，至少就筆者所知這起事件發生後，還是有許多mixi使用者，在自己的個人資料欄裡「登錄」真名（順帶一提，mixi採用的，是可以登錄真名以供搜尋，但在個人資料欄裡則使用暱稱的雙層機制。所以不必然需要在個人資料欄裡暴露真名）。當然，有些使用者是因為不知道上述事件，也就是單純出於「無知」，所以至今仍登錄本名，這是有可能的。不過，我想從這裡也能看出一些很有趣的使用者欲望。

因為只要觀察一下這些登錄了真名的使用者利用情況，有些人會說「從前的朋友可能會用真名來搜尋。」即在mixi上登錄了真名的使用者，並不只把私人關係上可以參閱的真名及日記等資訊，僅流通在安全的私密範圍內，也會公開給mixi這種「還算滿公開的」一般用戶閱覽，期待「以後可能會在mixi上變成朋友的用戶」現身，是這麼一回事。

換句話說，在mixi上登錄真名的行為，其實發揮了「mixi」內類似「SEO對策」（只要登記真名，被搜尋到個人資料的可能性就會變高）的作用。至今為止，在網路上關於「真名」這項資訊資源的討論，都只談及能提高議論與資訊的可信度；不過，在mixi上「真名」則被用來有效提升「連結的社會性」。

在美國興起的Facebook

最後，來看一下美國SNS的動向。以下的焦點將著眼於二〇〇七年後，SNS新興勢力「Facebook」成為旋風之眼，拉開了與Google間爭奪新平台競爭序幕的案例。

Facebook引起矚目的時間點是在二〇〇七年五月，他們公開了可於同體系內使用的「小工具」（widget，小型網路應用程式）開發平台「Facebook平台」。而這個舉動，時常被喻為是「社交圖譜」（表現人與人之間關係脈絡的圖譜）的公開化，也就是說可以從外部參閱Facebook內的「朋友關係」。

讓我們以日本的mixi來對照。首先，mixi的預設機能基本上設為只能在my mixi（朋友）的日記上留下純文字回應。但當mixi開放了平台後，mixi外的外部開發者，就能自由開發與提供可在my mixi上追加新照片與動畫的機能（應用程式），是類似這種做法[8]。

Facebook的這項開放平台策略，獲得了許多事業體與使用者的讚賞，並且獲得成功。新的小工具（可在Facebook內執行的小型應用程式）不斷從第三方源源不絕的提供了過來。這些小工具有許多僅在極短的時間內，就以數十萬、甚至數百萬使用者的速度普及了出去。而造成這種普及速度的重要原因，被認為正是「社交圖譜」。比方說當Facebook上的朋友，有人送來「我上傳了一張這樣子的照片，你去下載小工具來看」，接著，收到訊息的朋友就會去下載這個小工具。而透過了這種使用者間的交流，小工具迅速的普及開來。

這項成功讓Facebook瞬間以新世代「小工具平台」之姿，聚焦了眾人的目光，並且加入了追趕全球最多用戶量的「MySpace」行列。

同年十一月，Facebook更推出了新廣告服務「Facebook Ads」。這項服務舉例來說，就是把Facebook用戶「最近在亞馬遜上買了某項商品」的這些行為，自動通知他在Facebook上的朋友（在朋友的網頁上，會出現「A最近買了X商品」）。而這項廣告服務與Google的「搜尋連動式廣告」相比，應該可以稱為是「朋友連動式廣告」。

說起來，從網路社群商業模式的觀點來看，這項機制肯定是一項革新性的發展。為什麼呢？因為它讓廣告在交流性質上的「形象」發生了巨大改變。

至今為止的所謂廣告交流方式，都是由「企業」向「消費者」丟出「買這個東西吧！」的訊息。但相對的，Facebook這項系統卻讓朋友的消費行為宛如SNS的友人訊息般，發出了通知。藉由這種「形象」上的效果，讓廣告訊息溜進了「消費者」與「消費者」間的口耳相傳式交流中。換言之，「客觀」而言明明是「廣告」，但在Facebook用戶的「主觀」感覺上，卻好像是朋友間的閒聊一樣。

我想，這個嘗試肯定會在廣告史上留下劃時代的一頁。可惜這項服務因為侵犯了用戶的隱私，所以受到美國消費者團體的激烈反彈。今後會如何發展，目前正受到眾人矚目。

Facebook vs. Google，新舊平台的戰爭

Facebook的急速竄升，逼使巨人Google動作了起來。Google在二〇〇七年十一月，發表了以SNS為對象的通用應用程式API介面規格「OpenSocial」。簡而言之，這種規格就是把Facebook開放了社交圖譜所造成的效果，也實現在其他SNS上。結果，在包含了全球最大社交網站「MySpace」等諸多SNS齊聲響應下，一舉開拓出SNS邁向

「開放平台化」的康莊大道。

緊接著，二〇〇八年二月Google更趁勢推出了「SocialGraph API」。這是讓保存在SNS資料庫裡，能顯示誰與誰是朋友的資料，也能顯示在通用規格上的開放碼。

Google打出來的這些牌，被認為基本上是為了對應Facebook興起的對策；且被稱為Web2.0的一連串發展，這也被提倡Web2.0概念的提姆．歐萊禮喻為是「網路平台化」。就像第二章裡提過的，Web2.0現象很明顯是建立在以Google為「OS」（作業系統）般的平台基礎上所成立的。比方說在以Google搜尋演算法為「OS」的基礎上，包含CMS（網站內容管理系統）等SEO對策，才得以實施。而「Google Map API」，則讓地圖介面容易執行；至於把「AdSence」嵌進服務內，便能獲取廣告收益等等。

所以Google對於Facebook這項新平台（或使用第二章的語彙來說，是「生態系」）的出現，可說很緊張的做出了反應。但它的對抗方法並不是去成立自己的SNS，也不是併購Facebook，而是藉由促進Facebook外的其他SNS開放平台，來把Facebook快速獲得的新平台價值（借用將在第八章談到的喬納森．齊特林〔Jonathan Zittrain，一九六九—，哈佛法學院教授〕所說的話，便是「發生力」）給「稀釋化」。

綜上所觀，二〇〇七年後的美國網路情況可以整理為，在那之前出現的Google等平台興起的情況已經告了一段落，而Facebook等新興平台的出現，則帶來了新舊平台間的競爭。目前，Facebook、Google與MySpace等公司，也針對「資料可攜性」[9]與「OpenID」[10]等規格開放，不停的龍爭虎鬥中。

但是日本的網路情況則如人盡皆知的一樣，完全從上述這股潮流中自我隔絕了開來。話說Facebook剛開始提供日文版服務時，不是也受到了媒體大肆報導，但Facebook成功搶進了日本市場嗎？

筆者的回答是（這答案有九九%以上的可信度）可說是「沒有」。理由非常簡單，因為mixi已經在日本建立起了極為穩固的市場，而幾乎對所有mixi使用者而言，mixi的利用價值就在於「身旁的朋友熟人全都用mixi」的特點，也就是在於其「網路外部性」。mixi已經以不同於Facebook等美國型SNS的「社交圖譜」應用程式之姿，在日本年輕人的交流文化中扎下了深根。今後日本應該也不可能馬上會發生市場轉往Facebook等新興SNS的變化。

另一方面，藉由Google與Facebook拉開了平台競爭序幕的契機，尤其是英美圈的評論家，普遍認為今後所有網路上的資訊，都將會（像Google的網路排名，去分析整理網路上連結構造般）形成由「社交圖譜」來整理排序的情況。但這種情況到底會不會也發生在日本呢？比方說將來使用者在各個部落格、ＳＮＳ與生活日誌（Lifelog）服務上，所進行的活動記錄，可以藉由社交圖譜平台來連結的這一天，會不會到訪呢？

部落客德力基彥針對Google開放OpenSocial之事，曾經引用「從歷史來看，閉鎖肯定會敗給開放」的法則，對日本ＳＮＳ的相關變化抱持著期待[11]。但不管怎麼說，這種法則都只適用於「（符合特定條件）技術」或「標準」（standard）等技術史法則，不能保證一定會適用於牽涉了人類「欲望」的交流情況。本章的最後希望就這點來進行相關探討。

可能出現「全球化ＳＮＳ」嗎？

筆者曾在二〇〇六年二月參加過由國際大學全球交流中心（GLOCOM）主辦的「ＳＮＳ結盟」討論會。那次的主題是討論在mixi這種巨型ＳＮＳ獨大的情況下，陸續於日本各地出現的「區域型ＳＮＳ」，是否有可能出現在分散中進行結盟的情況？也就是討論的主題在於能否把Facebook或OpenSocial般的情況，與日本的mixi結合。筆者對於這個問題的回答，是「縱使我們能希望ＳＮＳ『分散』，但沒辦法要求它們『結盟』」。

當時被提出來當成討論對象的，是那時剛出現不久的日本開放原始碼SNS引擎「OpenPNE」。值得注目的有兩點，一點是「介面長得很像mixi」。根據開發方表示，這不只是單純想模仿mixi（但實在是像到了任何人看了都會這麼想），而是使用者希望能有個用慣了的mixi式的使用者介面，所以才會故意設計得很像。

但這點並沒那麼重要，更重要的（另一項受到矚目的重點）是既然很像mixi，為什麼還有人去用OpenPNE呢？開發方的說明如下：

SNS這種服務雖然是在網路上進行，但卻被人認為深刻反映了日常人際關係的真實情況。因此，與現實人際關係中相同的事也會發生在SNS上。這麼一來，只有一項SNS的話，當然無法對應一個人的全部面相（表面）。

例如，當你在一個SNS上，把公司同事跟有相同興趣的朋友都登錄到朋友名單後，你會猶豫到底是要呈現給同事看的那一面，還是要呈現給朋友看的那一面。正是因為那是個什麼人都有的大平台，所以，不想讓別人知道的興趣、不想跟不特定多數人說的事，都沒辦法展現出來。許多人應該都有這種困擾。

OpenPNE希望能好好應對這些不同的面相（表面）、提供用戶適當的服務。

——〈株式會社手嶋屋——社長blog〉

如果把上述文章以極其簡單的話來陳述，那就是「人在現實社會裡，是用各種不同的『臉』來應對生存的，所以不應該在mixi這種單一SNS上，把所有人際關係都揉混在一起。」

OpenPNE在以前的自我介紹網頁中，把這種「哲學」表現得更具體。上頭寫著：「喜歡高爾夫、釣魚vs.家庭（放假時要打高爾夫的計畫會被家人發現）」、「老家的國中朋友vs.大學友人（剛進大學時的風騷樣，不想讓老家的朋友們看到）」、「公司同事vs.網路上的朋友（不想被發現自己在公司裡其實很嚴肅）」……等等。這些例子每個都很逗趣，但卻很真實的反映了其中狀況。這其中所表現出來的，簡而言之就是第三章曾談過的，人會依照「關係性檢測機能」，來表現出適合不同場面與組織的「角色」。

在這種情況下，OpenPNE在「想把朋友於mixi裡分成不同團體」的這種使用者需求下，堂皇登場。換言之，OpenPNE這項架構的新特性，並不在於機能或介面，而在於能將朋友分成複數團體的特點，具有這樣的一層意義。

既然如此，好不容易才分成了好幾個mixi，要叫使用者再把這些統整匯聚在同一個帳號底下，那不是很匪夷所思嗎？對於使用者而言，當然不想把不同SNS裡的多重自我都綁在同一個帳號下，反而一定要讓帳號各自分開成「不能連結」的情況才行。在這之中，存在的並不只有追求「愈多使用者使用這個SNS，就能得到更高價值」的「網路外部性」，還存在了對於「視情況使用不同SNS，並將其各自分散」的這種對「不可連結性」之期待。

先來把目前為止的討論做個整理。關於日本網路交流，使用者期待的並不是不同服務間的「開放化」與「結盟」，而是「不可連結性」與「分散」。當我們快速回頭看一下這種日本SNS情況時，期待「OpenSocial」的登場將會把複數SNS統整在同一帳號下的這種「全球SNS」到來，我想，機會應該是不大。

再論日本社會論——社交網站的「異文化折射」

當初SNS這項工具剛在美國引爆風潮時，被介紹為下述般的產物：各形各色的使用者，將自己的人際關係複製到網站上，去發現與挖掘出預期外的人際關係。人們可以四處看看各種團體，如果有興趣，就參與其中的議論或參加網聚，藉此以拓展自己的人際關係與人脈。

但就像我們看到的一樣，mixi的使用型態跟上述有很大的差別。例如把真實的人際關係給帶入mixi的用戶，其使用情況是：

①剛開始時沒事就登入進去，一整天都查看「足跡」的「mixi中毒」狀態。
②在某一時刻，因為不知道要不要將真實生活裡的麻煩（比如情侶分手等）給帶進mixi而猶豫不決，產生出「mixi厭倦」。有些人會先刪掉原本的帳號，然後再一次「mixi reset」，重新架構起新關係。
③進入了學會「在mixi上把諸多人際關係混雜在一起將形成麻煩的源頭，所以儘量不在mixi上招惹麻煩」的「mixi倦怠期」。

——我們可以看出這種模式。這裡很有趣的一點是，雖然SNS原本是為了把各種人際關係，在網路及資料庫裡整理、管理的便利機能而誕生，但在使用了一段期間後，隨著時間愈長，大家卻極力避免讓mixi上的人際關係變得複雜。

當然，在日本裡也存在著一定規模的使用者，是融貫使用部落格、SNS、以及在第六章會談到的「Twitter」等服務，並且在網路上活躍的以「個體」身分來活動。但就算開發出適合他／她們這些「創新用戶群」（採用革新服務的群組）需求的「通用於各SNS間之網路應用程式」，這些服務真的有辦法能跨越普及學所說的「鴻溝」，（總之就像能與mixi匹敵般）普及到吸引其餘多數追隨者的程度嗎？

在筆者的看法裡，這個回答是否定的。就像本書中至今所見，日本的社群網站不管是部落格也好、SNS也罷，基本上就表面上的層次而言，雖然與美國使用的是同樣架構，但隨著使用者的欲望與交流方式之不同，展開了不同的開創過程。而這一連串現象，如果借用普及學家宇野善康的話來說，應該可以稱為是社群網站的「異文化折射」吧！

在這裡所觀察到的「折射」現象，只要不停在日本網路交流過程裡重複出現，恐怕日本的社交圖譜情況，不論如何都一定會跟美國以極為不同的型態展開。至少像「今後mixi將開放化，朝類似美國的情況發展」的這種單純預期，應該無法期待。

當然，筆者並不是想主張說「OpenSocial」式的通用規格在日本毫無意義。重點在於，如果想透過「OpenSocial」為日本SNS的情況帶來變化，就要像上一章曾提過的一樣，需要開發出最適合這種溝通文化的應用程式；亦即需要有「文化的轉譯」（架構與文化的磨合），這就是筆者的一點想法。

1 北田曉大，〈Discourse（倫理）的構造轉換〉，《ised @glocom》倫理研第三回，二〇〇五年（http://ised-glocom.g.hatena.ne.jp/ised/05030312）。

2 關於被Google搜尋的這件事，將會劃分出新「公共性」範圍，需要有從中退出的架構等相關論述，參考自ised @glocom第三回與第四回討論中以下議論：〈遭到侵略的「私領域」〉，《ised @glocom》倫理研第三回（http://ised-glocom.g.hatena.ne.jp/ised/05110312）。以及加野瀨未友〈以個人網站為中心的網路資訊流通模式〉，《ised @glocom》倫理研第四回，二〇〇五年（http://ised-glocom.g.hatena.ne.jp/ised/07030514）。

3 關於「禮貌性迴避」之爭論，參考引發爭論的下述文章：松谷創一郎，〈網路上禮貌性迴避的可能性〉，《TRiCK FiSH blog》（http://d.hatena.ne.jp/TRiCKFiSH/20031130）。此外，關於這件爭論，北田曉大在〈引用學——引用／被引用的社會學〉中亦有論述，收錄於《對「意義」的抵抗》（「意味」への抗い），Serica書房，二〇〇四年。

4 tDiary是Tadatadashi在二〇〇一年開發出來的著名網路日誌名稱，早在「部落格」為日本網民熟知前，就被當成了「網路日誌工具」使用。

5 參考了下述文獻：霍華德．瑞格德（Howard Rheingold）所寫之《聰明行動族》（*Smart Mobs*），二〇〇三年；伊藤穰一〈Emergent Democracy〉（新興民主，日譯為「創發民主制」），《*GLOCOM Riview*》，國際大學全球交流中心，二〇〇三年（http://www.glocom/ac/jp/odp/lobrary/75_.pdf）；丹．吉摩爾（Dan Gillmor），《草根媒體》（*We the Media*），二〇〇五年。

6 風暴散布到mixi外的文章外傳事件，僅限於所謂的「炎上」等情況。此外，在mixi上隱密書寫的內容，也時常被轉載（拷貝貼）到外頭，引發一些預期之外的問題。

7 「LinkedIn」主要是特別開發來做為商業用途的美國著名ＳＮＳ之一。用戶在個人資料欄中，填寫了過去的工作經驗後，就可以當成線上履歷表使用。在美國，尤其是以矽谷一帶為主，會在這個服務上進行求職、轉業與獵人頭等活動。

8 mixi在二〇〇八年八月，推出了可從外部參閱mixi內部機能與資料的「mixi Platform」機能。其所推出的第一波，是「mixi OpenID」，這不僅提供使用者在登錄了mixi後，就可以一併登入其他合作服務的機能，還可以像「部落格上的回應僅限My mixi（mixi上的朋友）」一般，把mixi內的社交圖譜與參閱權，開放給外部的網站使用。

9 「資料可攜性」這項技術，指的是可以從其他服務，自由使用與參閱保存在ＳＮＳ等服務上的用戶資料（例如個人資料）。二〇〇八年，包括Facebook與Google等服務，同時開始進行這項技術的開發。

10 「OpenID」（網路身分證）這項機制，可以讓不同服務間發行與管理的用戶帳號（ID與密碼），在不同服務間共用（可分開管理）。目前，在不同服務上需要使用不同的帳號及密碼，但如果這個機制普及，以後就只需要一組帳號了。

11 德力基彥，〈OpenSocial會成為網路真正開放化的觸媒嗎？〉，《*workstyle memo*》，二〇〇七年（http://www.ariel-networks.com/blogs/tokuriki/cat39/open_social.html）。

第5章

網路的「外部」設計是怎麼進化的？

● P2P檔案共享軟體／Winny

追溯P2P的架構進化史

本章主要將針對「P2P」（peer to peer，點對點技術）來討論，特別是裡頭被稱為「P2P檔案共享軟體」的社群網站。

其實，我想社會對於這種網站的普遍觀感是「違反著作權法、非法使用音樂、動畫、商業軟體等作品的無法地帶」。筆者在此打算先把P2P對社會的（不良）影響擺在一邊。本章討論的重點將擺在P2P檔案共享軟體這種社群網站，是以什麼樣的方式來「進化」的。因此，可能會讓有些人覺得好像是在讚許著作物的非法使用與非法流通等「違法行為」，但這些其實只是基於「社群網站進化」現象而做的觀察。首先請讀者了解這點，再繼續往下閱讀。

順道一提，我想很多人都知道這件事，P2P這種通訊架構並不只被Winny等檔案共享軟體使用，例如現在大家都很熟悉的語音通話軟體「Skype」[1]，其實也是這類架構（其開發者詹士莊〔Niklas Zennström〕原本就是「Kazaa」這項P2P檔案共享軟體的開發人）。而檔案共享軟體因為受到P2P通訊技術（或說成設計思想）的連累，被拉低了社會對它的觀感，時常被當成是問題來看待。但本章為了方便記述，特別是在沒有另外說明的情況下寫成「P2P」時，指的都是「P2P檔案共享軟體」。

Napster的衝擊——迥異於全球資訊網的通訊技術登場了

進入正題前先稍微回頭來複習一下第二章的內容。第二章主要談的是Google跟部落格這些網路上的社群網站。而這些網站基本上使用的是「text」（文字）。理由毋須多說，當然是因為跟現在這種寬頻化時代相比，全球資訊網剛出現時，網路跟電腦的性能都還沒那麼完善，所以相較於照片及動畫等大容量檔案，容量較小的文字檔比較容易在網路上交流。

在這種情況下，革命性的軟體在一九九九年登場了，那就是Napster。Napster能讓下載了軟體的電腦間，直接傳輸檔案。

首先，最讓大家著迷的，是藉由這種軟體可以交換當時剛開始流行的聲音檔「mp3」。現在，大家不會覺得mp3的容量有多「大」，但在以文字為主的當時，幾MB的檔案就算「容量很大」了。當時蘋果電腦也還沒推出「ipod」。在這種魅力下，Napster才發表了沒幾個月就達到了好幾千萬次的下載量，擄獲全球矚目。而Napster

的用戶量，在全盛時期據說更高達了三千萬人。

其實，早在Napster登場前，也有過透過ＷＷＷ與ＦＴＰ等應用程式交流mp3檔的時代（俗稱「warez」）[2]。一直到九〇年代下半期為止，如果循著一些詭異的地下網站連結而去，就能找到這種公開mp3的網站。可是，mp3檔的公開與交流手法，在Napster登場時已經褪了流行。

為什麼呢？理由之一是因為全球資訊網採用「主從式架構」這種通訊方式（architecture），使得檔案的「傳送率」很低。所謂的「主從式架構」，是把資訊聚集在網路「另一端」（伺服器）上，而「這一端」（用戶端）再視需要去下載，指這種分配法。當我們上網時，整體構圖是從設置於網路另一端的「伺服器」上，把ＨＴＭＬ檔等資訊傳輸到我們的電腦（用戶端）上。

所以使用這種「主從式架構」時，基本上檔案要從某一個伺服器上下載過來，而裡頭擁有人氣檔案的伺服器，就會同時集中了好幾個用戶端的下載要求。但這個伺服器的處理能力跟頻寬卻是有限度的，所以ＷＷＷ常發生某個網站在某種原因下，因為瞬間流量過大而當機的情況，問題就是出在這種一端集中化上。特別是在網路上傳輸大容量的檔案時，這個問題就更嚴峻了。

如果是一些準備了熱門內容，而且能靠著集客率來得到某種收益的網站（例如入口網站或新聞網站都是其中典型），就能事先備妥高性能的伺服器。但那些靠著P2P來傳輸的檔案，通常是屬於非法拷貝，完全沒辦法寄望從裡頭獲取健全的收益。不過，使用者們對於mp3類檔案傳輸，仍然抱持著很強的渴望。在這種背景下，主從式架構已經無法滿足需求，需要更有效率的通訊機制，而回應這項需求的，正是P2P。

P2P能讓使用者直接互傳檔案

另一個主要原因，則是P2P檔案共享是具有某種犯罪性的行為，所以用戶端會有「想偷偷下載」的需求。

在此不去談太深入的法律問題，我想以儘量單純的方式來說明。首先，很理所當然的，如果使用者沒得到著作權人的同意就彼此互傳檔案，一定會引發著作權法的問題。所以社會上愈趨認為這種行為應該要停止與禁止。而當著作權的所有者發現能下載mp3之類的網站時，會要求「那個網站觸犯了著作權法，要停止公開！」通常一發生了這種事，所有權者不會立即報警，而會先對公開網站的網站伺服器管理人（通常就提供網站公開服務的營運者之意義，稱其為「供應商」）——總之就是能聯絡上的對手——發出「警告」。

此處的重點是基於網路這種架構的原理，很容易進行此類「訴求」。因為，網路上的資訊內容一定會被放在某個網路伺服器的場所上，而這個場所一定存在著一個管理與經營的「主體」。所以相較來說，較容易要求這個存在者去負起「責任」。換言之，在WWW上會存在著要求「停止公開mp3」的人。而這些人就算沒辦法對公開mp3的網站使用者提出警告，也能去警告公開網站的網路伺服器管理者（如果是部落格，就是對提供服務的營運商）。

但包含了Napster在內的P2P，所採行的都是與WWW這種主從式架構截然不同的方式。筆者剛剛也說過，「下載了軟體的電腦間，可以直接傳輸檔案」，所以在那之中，並沒有一個相當於匯集與管理資訊的「伺服器」存在。使用者不需要透過網路伺服器或FTP伺服器，就能直接互傳檔案。

其實在現實情況裡，Napster並不是純粹由「P2P」架構而成的。這麼說是因為雖然Napster在傳輸檔案的「通訊」部分採行的是P2P機制，但為了讓數千萬人這種龐大不特定多數使用者能夠傳輸檔案，其實在交換檔案前，還需要一個「誰有哪種檔案」的

「搜尋」機制。Napster把這種「搜尋」機制，以與全球資訊網相同的主從式架構來實現。具體而言，是由提供Napster的公司來經營搜尋用的中央伺服器。而Napster的這種方式，在混合P2P與主從式架構的意義上，被稱為「混合式P2P」。

提供「伺服器」這個行為就像筆者先前說過的，意味著很容易被追究責任。反過頭來說，也可以說正是因為這種特性，讓後來的「YouTube」與「NICONICO動畫」，藉由「認真回應所有權人的刪除要求」，免除了像Napster那樣被極端仇視的情況，而得以生存下去。當然實際情況沒這麼單純，不過這種架構上的特性，的確使Napster被著作權所有團體控告，並且被社會排斥（目前Napster公司的資產與名稱，由別的公司繼承）。

P2P上的日本特有情形——「公有地的悲劇」問題

話說在Napster之後，P2P開發者面臨的技術性問題，便是要如何將所抱持的這種「非純粹性P2P」（混合式P2P）問題，藉由純粹的P2P，也就是「道地P2P」的方式來解決。在英語圈中，有「Gnutella」[3]、「Freenet」[4]與「BitTorrent」[5]等，在日本則有「Winny」與「Share」[6]之類，被稱為「道地P2P」式的方式。

在上述方式中，接下來將特別著眼於「Winny」。Winny自二〇〇二年發表後，據稱用戶數多達了幾十萬、甚至有一百多萬的規模。一直到二〇〇八年，據稱上頭總是流通著非法內容。而在二〇〇四年，開發者金子勇被以幫助違反著作權法的罪名逮捕（二〇〇六年一審判決有罪，目前仍上訴中）。接著在二〇〇六年春天，接連發現有企業與政府機關的機密資料被流出，因而引發社會極大關注。我想，就算說在長達將近十年的日本網路史上造成特別重大影響的，正是圍繞著Winny的一連串事件，應該也不算言過其實吧！

不過，選擇Winny為討論對象的理由，並不只因為它是全日本最出名的P2P共享軟體。之後會再詳加敘述，Winny在被稱為「道地P2P」的軟體中，擁有與其他英語圈軟體不同的特徵，而這一點特別值得從社群網站的進化史觀點來加以關注。

為何日本會出現「Winny」這種獨特規格的P2P呢？在開始討論前有必要了解，P2P共享軟體的規模普及到了數十萬、數百萬這種可稱為「社會性」規模的情況，至少在日本而言絕非那麼簡單，也不是理所當然的事。

這聽起來有點奇怪，剛剛上一節裡才介紹過Napster瞬間普及全球的例子。Napster的確風靡全球，對很多人而言，它充滿了魅力。但不管如何，大家都知道那是「犯罪」的行為，那麼為何大家還覺得它很有魅力呢？率直一點來回答，是因為從P2P下載違法拷貝內容的行為（如果不怕誤解直說的話）跟在超商偷竊相比，給人的罪惡感小很多。大家在上網時（坐在電腦前面時），覺得自己行動正被人「看見」的感覺很稀弱，如果這時出現一種「能免費拿檔案」而充滿了明快魅力的軟體，那麼，心懷不正的人會蜂擁而上也是極為正常的事了。此外，從P2P拿到的檔案，跟在實際物理空間中進行的「交換」不同，不管你拷貝了多少次，原本的檔案也不會因此「不見」。也就是說，這讓「偷竊」的感覺更稀弱。就在這樣的心理背景下，P2P檔案共享軟體眩惑了眾人。

不過，這裡我們需要抱持若干的保留態度。在日本的著作權法中，早在P2P登場前的一九九七年，就已經判定在無著作權人許可下，把著作物於網上供人下載的行為屬於刑事犯罪（侵犯「對公眾提供權」）。在全球中，這算是很「嚴苛」的著作權法，但這種法律條件卻也對日本的P2P使用者形成很重要的意義[7]。

怎麼說呢？「對公眾提供權」的存在，在「有意識」使用P2P檔案共享軟體的使用者間，廣為人知。而知道的使用者便會產生下述意識：「如果不想被抓，就不要提供（上傳），一定只能接收（下載）」，換句話說，對日本的P2P使用者而言，選擇「搭便車」的立場——用網民的術語來說，就是「給我小白」（只會說「給我小白」的用戶」或「DOM」（Download Only Member的簡稱）——變成一件很「合理」的事。

另外，這種貫徹下載的態度，從當時的通訊環境來看也是極為「自然」的行為。因為在P2P出現的二〇〇〇年左右，寬頻不如現今普遍，而在二〇〇一年登場的以低價搶市的「Yahoo BB」等ADSL服務，也具有上傳速度比下載速度慢（頻寬小）的特性。所以所有P2P使用者當然在這種通訊環境的必然性下，只能站在「只想下載」的立場了。

但如果大家都選擇這種搭便車的立場，檔案的交流當然不可能成立。讓我們再確認一次，P2P這種架構由於沒有一個中央伺服器的存在，所以無法採取把檔案先上傳到某一個地方，讓有興趣的人再從那邊下載的做法。因此在P2P上交流檔案，一定要有誰先去上傳檔案，然後某個人再去下載，必須建立起這樣的關係。而日本的法律制度則壓倒性的倒向了「有利於下載」的方向，這就是日本的P2P基本環境。

這種情況應該可以用生物學家加勒特・哈丁（Garrett Hardin，一九一五—二〇〇三）所說的「公有地悲劇」來形容吧！例如有個漁村位於沿海，而那裡的海岸是全村村民的漁場（在哈丁的比喻裡，則是牧地）。這個可以捕獲魚貝類的海岸一帶，就是這個村落的「公有地」。由於一次捕太多魚會影響到隔年的漁獲量，所以捕魚人間自主性的產生了不過度捕魚的默契。但有天漁村出現了想「搶先」的漁民，結果爭先恐後濫捕的結果，就是明顯破壞了這一帶的生態系，最後，這個對全村而言的公有地就被這麼破壞了。像這樣，當某一個社會團體中因為出現想搭便車的玩家，結果造成共同資源枯竭的問題，就被稱為是「公有地的悲劇」。

相同的事也發生在上述的日本P2P使用者間。說到P2P使用者的心聲，應該就是誰也「不想被抓到」吧！可是就算大家全都想當個利己式的「給我小白」，而實際上誰也不丟檔案出來的話，P2P上的檔案交換自然無法成立。嚴格來說，這當然不同於「公有地的悲劇」，因為不管牧地或漁場都具有物理性的空間，而且也真的損失了物品，但P2P卻沒任何東西損失。只不過原本應該可以自由拷貝資料，卻發生了資訊「公有地」本身難以成立的悲劇。因此，我們應該可以把它看做是「公有地悲劇」的衍生情況（或是「反公有地悲劇」）。

重點是P2P一開始出現時，被認為是可以創造出共享網路用戶硬碟的無限「公有地」，所以好像很受歡迎一樣。而也正因如此Napster才會在一瞬間席捲全球。當初Napster的普及速度，恐怕是有史以來，從石器到文書時代，都算是罕見的規模與速度。可是，在日本由於存在著「上傳有罪」的法律風險，所以造成了某種類似「公有地悲劇」的問題。

什麼是檔案交換型（WinMX）解決法？——規範

那麼，這種「公有地悲劇」的問題最後怎麼被解決呢？

在技術上，Winny最具獨創性的，就是將這種日本Ｐ２Ｐ特有的「公有地悲劇」，以名為「cache」的手法來解決掉。而cache這種機制並不單只是技術上的創新，還大大改變了至今為止的檔案共享軟體文化。在日本，Winny前的共享軟體被稱為是「檔案交換型」，Winny後則被稱為「檔案共有型」，以做區別。本節想帶各位先來看一下前者，也就是Winny出現前的時代。

在Winny出現前，日本最為人熟知的Ｐ２Ｐ檔案共享軟體，是「WinMX」。就機制而言，WinMX採取的是與Napster幾乎相同的「混合型」，而其使用方法大概如下面所述。

首先，使用者間在交換檔案時，先搜尋自己想要的檔案名稱。一找到了想要的檔案後，就用ＩＭ（Instant Messenger，即時通）聯絡手中握有檔案的使用者，「請給我那個檔案」。而收到了ＩＭ訊息的檔案所有者，則在看過了要求交換的人手中的檔案清單後，說「那你用那檔案來交換吧」。於是，交涉便這麼成立，而兩位使用者則開始交換檔案。

這種機制的重點就像「稻草富翁」一樣，如果不先把檔案放出去，就沒辦法順利的拿到檔案。而在WinMX上，如果想要拿到某些檔案，自己也要提供交換。所以為了能順利的送出檔案，就得跟很多不同的使用者交流，慢慢收集「很會交涉」的卡片。而且，要準備別人可能會覺得很有魅力的檔案清單。如果用紙牌來打比方，那就是要先「組牌」。然後在交換檔案前，把彼此的牌先給對方看過，之後在IM上討論要交換哪些牌。

不過，就像先前說的一樣，在交涉過程中如果大家都採取搭便車的態度，也就是只想下載的話，那麼檔案交換的這件事就無法成立。為了要讓P2P上的「公有地」存在，就要用某些方法來使人們放棄搭便車。

在WinMX時代所採取的解決法，(依第一章中介紹的雷席格四種分類來說)就是以「規範」(習慣)來解決。重點在於如何把只要是日本P2P使用者，就一定會有的「不想被抓、只想下載、想當便車客」的這種合理動機(motivation)給瓦解掉(動搖)。那時，日本P2P社群想出來的對策，是把搭便車的人以先前介紹過的「DOM」或

「給我小白」來稱呼，並且輕蔑他們、避免跟他們換檔案，製造出這樣的習慣。同時，與便車客相反的，對那些有大量檔案且大方讓人下載的「背負法律風險」之人，也培養出尊稱他們為「神人」的習慣。

來介紹其中一個例子。當時在P2P使用者間很流行一個笑話，是像下面這樣。在使用WinMX時最被忌諱的，就是「對方已經下載完檔案了，可是這邊還沒結束，結果對方居然停止上傳。」這種行為也就是自己先機警的下載完，然後落跑。結果被將了一軍的敗將，有些人聽說就想也沒想在IM上大罵「你開什麼玩笑呀！死小偷！」結果釀成了笑話。因為「你搞清楚，一開始用P2P的時候，大家就都是小偷了呀（笑）」。

這裡出現的「你這小偷！」這種破罵，可說很真實的傳達了WinMX使用者的規範意識。因為，藉由在使用者心裡植入「只下載的人，就是罪大惡極的王八蛋」這種規範意識（道德心）——不過誰也沒下令說要植入這種意識，這是自然發生的行為——使用者們「自主規範」，避免大家都選擇搭便車的行為。

此外，在IT與音樂評論家津田大介所寫的《所以戒不掉WinMX》（だからWinMXはやめられない）中，描寫了某位WinMX新使用者最後變成了被尊為「神人」的成長故事。一開始，這位使用者完全像稻草富翁一樣，一步步的慢慢跟其他使用者交換檔

案。最後，他被動畫的影音合成職人收為弟子，學會了「匠技」，製作出能讓任何人看了都會嘖嘖稱奇的絕佳影音檔。終於，他躋身為「神人」行列。當然，這不是說所有的WinMX使用者都期望晉升到「神人」的地位，但從這故事中，也能看出「神人」跟「給我小白」的階級意識明顯存在的事實。於是，在WinMX的世界中，大家都響應著「想當神人」的這種晉升童話，付出愈多「神人」般的貢獻，其他用戶也就更崇拜自己。

綜合以上考察可以發現下述事實：在Winny出現前的P2P網路上，參加者被以「輕蔑／尊敬」的文化準則來分開。首先，釀成「公有地悲劇」要素的便車客，被當成了「輕蔑」的對象，從交涉名單中排除。接著，對公有地有貢獻的「上傳者」，則被「尊敬」為「神人」，藉此強化（可能會被逮捕的）冒險動機——而這種藉由規範來刺激「誘因」的做法，讓WinMX避免發生「公有地的悲劇」。這種做法在逼迫人們把價值觀「內化」的意義上來說（在不特別經由「法律」與「市場」這些社會制度的意義上），完全就是雷席格所謂的以「規範」管理秩序的例子。

但WinMX時代的這種奠定在「規範」上的解決方式，卻存在了一個很明顯的缺失，那就是會阻礙新使用者參與。

剛開始使用WinMX的新使用者，基本上，他們的電腦內完全沒有任何檔案。所以剛開始時也只能站在「給我小白」或「DOM」的立場，去要求別人跟他換檔案。但從舊使用者的角度來說，新使用者卻是被輕蔑的存在，遭到排擠。所以在檔案交換型的P2P共享軟體上，由於這種網路上「有檔案」跟「沒檔案」的人之間，被固定化了階級結構，所以也就不曾超越一定規模，造成普及。

什麼是檔案共享型（Winny）解決法？——架構

在了解了上述情況後，接著來看看日本開發出來的P2P檔案共享軟體「Winny」。Win「ny」的軟體名稱，擷取自WinMX的「MX」下一個文字，將自我定位為「後WinMX」來開發與公開。也就是在開發意圖上，它希望能超越前一節所見的WinMX缺失。

這是什麼樣的做法呢？如果先就結論來陳述，Winny的劃時代重點在於它拋棄了上一節見到的，將「公有地悲劇」以「規範」來解決的手法，拉低了P2P檔案共享軟體的門檻。而這項特徵，筆者認為可說非常完美的實現了本章做為主題的架構等於環境管理型權力之特徵。

那麼，先簡單的來確認一下Winny的使用型態吧！Winny的顯著特徵，就在於它跟之前主流的Napster或WinMX這種「檔案交換型」不同，使用者並不需特地一對一的進行「交涉」。它的機制如下，首先，使用者先去搜尋自己想要的檔案名稱，等找到了目標檔案後就點進去，接下來只要等待就行了。如果把Winny開著，跑去睡一覺，那檔案就會在不知不覺間完成下載。不用像WinMX一樣，還要去找有檔案的人問「拿這個跟你換好不好？」也沒有線上鄰居會罵你說「死小偷」。任何人都能帶著「給我小白」的心情，輕輕鬆鬆的使用。其實在Winny登場前，也有能自動進行「交涉工作」的支援軟體（把Winny原本不具備的功能給補足的工具），而Winny則是實現了「不需交涉」的這項機能。

但為什麼這種機制可能成立呢？因為，Winny採用了被稱為「cache」的機制。以下就以開發者金子勇寫的《Winny的技術》（Winnyの技術）為本，來簡單介紹一下其中機制。

首先，假設有某位Winny使用者下載了某個檔案。這時那個檔案就會在Winny的網絡上，被公開為「cache」。而其他正在找這個檔案的人，就能從網絡上自動找出保有這「cache」的使用者。等發現後就會執行下載。而這一連串過程，都是由Winny這個程式自動執行，所以使用者不需要特別去操作。

在Winny上，當檔案像這樣愈來愈流通，最後，幾乎所有Winny使用者的硬碟上都會有這個檔案。而愈受歡迎（常被下載）的檔案，就會在Winny上到處被cache。此外，Winny在機制上完全是「無差別」的將這個cahce給傳播出去[8]，所以就算使用者不特意搜尋或下載，人氣高的檔案也會被自動cache到使用者的電腦上。藉由這種機制作用，更容易發現檔案的下載源頭，也提高了檔案傳播的效率性。

再重新強調一次，這個過程是自動執行的。換言之，使用Winny的這件事本身，就等同於自己與其他用戶間，建構了檔案分享共有的倉儲（記錄裝置）。而透過了這種做法，Winny解決了「公有地的悲劇」，自動形成「公有地」。由於有這項特徵，Winny也被稱為是與從前「檔案交換型」不同的「檔案共享型」。

Winny的這種「cache」機制，很成功的體現了本書一開始時說的「被規範者本身無意識」的架構特徵。對於Winny使用者而言，他們已經不用去擔心使用者間的「規範」，完全可以在意識上保持只想下載的「給我小白」心情，就能拿到檔案。另一方面，Winny的處理方式是不特別要求使用者要有貢獻精神，它透過了架構「cache」這種分散存取處，讓使用者於無意識間進行合作。

Winny的開發者金子勇更指出，Winny的特徵就在於讓檔案傳播的效率與匿名性兩立的特性（前書）。因為，檔案不只藉由到處以「cache」的形式散播，提升了傳播效率，同時在經過了複數且多段的傳播過程後，實際上已經不可能去追蹤「這檔案是從哪裡來」的過去歷程。而這種「由cache同時成立效率與匿名性」的想法，在《Winny的技術》中，金子勇自述是得自「代理伺服器」的構想。

此外，這種「cache」機制，與二〇〇一年在美國被開發出來的，至今仍是著名P2P技術之一的「BitTorrent」，在提高「效率性」的特點上具有共通性[10]。BitTorrent也具備了有愈多人下載同一個檔案時，全體電腦中散落的檔案片段便會被聚集起來，進而提升下載速度的機制。而這個機制被提姆．歐萊禮形容為是「織填進合作倫理」。這句話同樣也適用於Winny上。再加以說明的話，這種合作倫理是被織進了我們至此追求的「架構」中。

針對Winny的批判——不要求「義務」的系統

以上就是針對Winny的架構所做的粗略說明。就像本章開始時說的，至此為止我一直把各項服務架構的社會性評價擺在一旁來進行討論。而接下來的部分，我想針對如何掌握Winny實現的這種「讓使用者於無意識間合作」之架構來進行研究。

對於上述所見的Winny架構，批評得比誰都更用力且一針見血的，是工學家高木浩光[11]。他認為Winny的「cache」，是「把良心上蓋，解放邪惡心」的機制。如此定罪，到底是怎麼一回事呢？

Winny這個軟體如果只是單純使用，並不會注意到其中存在著上述cache機制。大家會覺得，只要打進了檔案名稱搜尋，然後等著下載就好了。可是實際上透過了cache這項機制的媒介，大家也正在進行上傳到第三者的行為；也就是加入了侵犯「對公眾提供權」（送信可能化權）的違法行為。Winny不會讓使用者意識到自己正在犯罪，而使用者在無意識且在潛在間就進行了犯罪。以高木的話來說，就是把不想沾染壞事的這種「良心蓋上蓋子」，讓只想自己偷偷下載的「邪惡心解放」。

此外，高木還說在這一點上Winny完全繼承了2ch的文化（開發者金子勇曾在2ch上，報告其開發Winny的進度）。Winny這個空間，如果使用之前提過的用語，（似乎）允許被稱為「ＤＯＭ」或「給我小白」的便車客存在。而Winny之所以能聚集大量使用者，也是因為雖然實際上使用者會因為cache而做出違反對公眾提供權的違法行為，但這種反社會的行為卻不會被使用者意識到。對此，高木以「在抱持著不想做出侵權行為的道德觀（或說是安全意識）時，也抱持著想滿足自我欲望的想法」來表現。這種態度正完美的反映出了，在全體都是匿名存在、披著匿名隱身衣時，大罵與嘲諷敵方的「2ch精神」。

高木更認為，在「讓使用者於無意識間，做出犯罪行為」的特點上，Winny的開發者是背德的。尤其是使用Winny時，就算不是自己想下載的檔案，只要一啟動了軟體，就會「自動＝強制」進行存取cache的動作。就算某一位使用者只想下載看來沒侵犯著作權問題的檔案，但在不知不覺間，周遭備受歡迎的檔案很可能就已經被當成了cache存入，然後再轉送到其他使用者的電腦上。

高木這種主張的重點，在於Winny（開發者）之所以背德，是因為它不讓使用者「自主選擇」。換言之，使用者應該是以背負著責任的主體，自覺性的使用軟體才對。而眼前高木的這種立場，應該可以說是要求用戶端要背負「義務」（責任、參與）。

一般而言，這種義務在安裝時，通常會藉由同意使用承諾書之契約行為，而得到了擔保（但無法說所有契約，都是在自覺下同意）。身為用戶的使用者，在同意了以下規約之情況下，承擔使用責任。簽署完契約後才能使用軟體與網路服務。這是我們很常碰到的光景。而就這層意義而言，高木的主張是非常正當、具常識性且有說服力的。

Winny的架構完整度

高木如此針對Winny「不要求義務」來加以批判，不過回過頭來看，Winny的傑出之處也就在於活用架構特性，誘導使用者「不需承擔義務的去貢獻」。正如剛剛說明過的，Winny之所以能成長為巨型的P2P服務（解決日本獨有的「公有地悲劇」問題），是因為在其架構裡，埋進了讓使用者誤以為自己是站在搭便車的立場，但結果卻經由「cache」機能在不知不覺間合作的機制。再重申一次，這種Winny的機制，就「使用者於無察覺時，不知不覺間作用之規範」的層面來說，可說是極為成功的實現了雷席格所謂的「架構」特徵。

此外，雖然高木批評說使用者不知道cache的存在，但其實只要是對Winny有某種程度上了解的使用者（像是讀過網路上關於Winny的說明網頁或雜誌文章），很簡單就能知道這些機制的存在與機能。而使用Winny時，比方說為了某些不想公開「cache」的用戶，Winny也提供了刪除cache的周邊工具（許多使用者覺得自己已經不需要下載過檔案的cache，或覺得對硬碟是「浪費空間」）；另外，更有停止Winny上傳機能（亦即只能下載）的改造工具，這些都已經被積極的使用者給開發了出來。

而這些機能從Winny原本的設計思想來看，是「違規」（搭便車）的。因為，為了讓Winny的網絡成為安定且豐饒的「公有地」，必須要讓用戶使用cache這項機制才行。如果每個人都只想從Winny這個網絡上下載，也就是使用者全體採取搭便車的態度，那麼「公有地的悲劇」問題就會再度發生。

針對這種問題，Winny採用了cache量愈多，檔案下載量就會愈快的正面回饋機制。而知道這項機制的Winny使用者，當然也就不會「下載完就跑」，反而會有動力去保有更多的cache。我想，開發者金子勇設想周到之處，就在於他在了解了架構機制後，以架構上的「說服力」來應對想搭便車的便車客。

在此，我想請讀者回想一下WinMX（檔案交換型）的說明。WinMX用以防止搭便車的方法，是將便車客稱為「給我小白」或「小偷」，鄙視他們。而對大方提供下載的使用者，則尊稱為「神人」，藉此讓人放棄想搭便車的動機。這種方式，筆者稱為是使用「規範」的規制法。

但在Winny的情況中，使用者間已經不需要存在任何的規範意識了。在Winny中，不存在「神人」與「給我小白」等階級差異。而且，Winny還提供了使用者只要採取「搜尋跟等」的怠惰態度，檔案就會自動下載的好處。而做為提供這種好處的交換條件，就是讓使用者在以「cache」為名的合作關係下，不自覺的參與其中。更進一步的，Winny對那些想從合作關係中逃跑、只打算搭便車的使用者，也預備了「如果保有cache，下傳速度就會比較快」的明顯又泰若自然的勸說機制——如此用意周全的Winny結構，在以「架構」來實現社會秩序的案例上，我認為是極好的重要佐證。

1 skype是二〇〇四年開始的P2P網路電話服務，在下載了這項服務的用戶間，可以透過網路進行音質與安定度不遜於電話的聲音通訊。而且，由於採用P2P技術，所以管理與營運的費用遠較電話低廉，用戶也可以免費使用，所以在全球中擁有許多用戶。

2 warze指的是透過網路違法散播的商用軟體，另外，也是交換與共享這些軟體的行為總稱。

3 Gnutella是於二〇〇〇年開始進行開發的代表性純P2P檔案共享軟體。

4 Freenet是開發者伊恩・克拉克（Ian Clarke，一九七七—，愛爾蘭裔電腦科技創新家）在一九九九年，於發表的論文中提及的P2P通訊技術。特點在於為了強化通訊的匿名性，將檔案碎片化與暗號化。Winny的開發者金子勇曾說，他注意到了Freenet雖然藉由檔案碎片化提高了匿名性，但卻犧牲了檔案傳送效率的缺失，所以決意同時達成匿名性與效率性兩立（金子勇，〈參考《Winny的技術》，來了解當時技術程度〉，《智場》一〇六號，國際大學全球交流中心，二〇〇六年（http://www.glocom/ac.jp/j/chijo/text/2006/06/winny_glocom.html））。

5 BitTorrent是以開放原始碼技術，所開發出來的P2P檔案傳輸技術。與其說這是個違法的檔案共享軟體，不如說它是為了將大容量的檔案有效「傳輸」，所開發出來的技術。這個軟體實現了下載同一檔案的人（電腦）愈多時，藉由多數電腦的分開傳輸，能提高傳輸效率的機制。由於軟體本身是由開放原始碼來進行開發與提供，因此開發者布萊姆·科亨（Bram Cohen，一九七五—，美國程式設計師）免於成為被告發與控告的對象（就算逮捕了開發者，BitTorrent的社群也不會消失，因此毫無意義）。近幾年，這項軟體技術更被用來將電影的內容等檔案合法傳輸，成為知名的P2P社會形象改變中的代表性範例。

6 Share是二〇〇三年在日本開發與公開的P2P檔案共享軟體，也被稱為Winny的後繼者。

7 美國亦於二〇〇五年通過了被稱為「Family Entertainment and Copyright Act」的法案，依照此法，在知道著作物並未進行一般公開與販售的事實下，將檔案放在可共享的檔案夾中，（不管有無下載）均須受刑事處罰。

8 Winny檔案傳送機制的方法如下：在Winny上，檔案的「位置資訊」（誰擁有什麼檔案的資訊）被設計成，以特定演算法加以隨機置換。這種設計以筆者的語彙來說，就是隨機改寫信件的送信人，故意設計成會「送錯信」的機制。在Winny上常會發生電腦上其實沒有檔案，但卻被指認為擁有者的情況。這種做法乍看下，好像是送錯（傳送錯誤），但這種送錯的機率，被設計成只要檔案愈常被搜尋，正確率就會愈高。而當發生了誤送情形時，所有電腦裡都會自動積存「cache」，因此也就提高了整體的檔案傳輸率。

9 「代理伺服器」（proxy）這項技術主要被應用在全球資訊網上，讓人在連進了網路伺服器時，能提高檔案的傳輸率與匿名性。從前網路還不普遍時，「IP位址」被人在網路上取得的話，常發生個人情資外洩或破解的事，所以被認為「風險極高」。也因此當時有些人鼓勵透過代理伺服器上網，而不要直接向對方公開自己的IP位址（在日本網民間俗稱為「串」或「kushi」）。

10 Winny的開發者金子勇認為，Winny與BitTorrent雖然在檔案傳輸率上具有共同點，但前者採取匿名性，而後者是以開放原始碼來開發，在這一點上有所不同（〈參考《Winny的技術》，來了解當時技術程度〉）。

11 高木浩光，〈把良心上蓋，解放邪惡心——檔案釋放系統〉，二〇〇四年（http://d.hatane.ne.jp/HiromitsuTakagi/20040608）。此外，本文中關於Winny的看法，受到東浩紀與石橋啟一郎以下的論述極大影響，〈以「脱離社會化存在」的Winny（Winny＋NEET）〉，《ised@glocom》倫理研第一回之共同討論第三集（http://ised-glocom.g.hatena.ne.jp/ised/00101030）。

第6章

架構如何操作時間？

● NICONICO動畫／Twitter／第二人生

使用者們共有的，是什麼樣的「時間」？

本章想來分析比較二〇〇七年受大眾矚目的社群網站。以下作為討論對象的有微網誌[1]「Twitter」，能直接在影片上留言的視聽服務「NICONICO動畫」，及虛擬空間「第二人生」（Second Life）等三項。

淺顯來說，我們能說Twitter是被稱為「生活日誌」（Life Log）或「生活串流」（Lifestreaming）等，能詳細記載與傳送生活足跡的服務代表。NICONICO動畫算是在YouTube興起後的一種變形「影片共享服務」。第二人生實現了虛擬空間這項大家向來渴求的「虛擬世界」服務。我們能為這三項服務如此定位。但不管是哪一個，都被認為將是今後網路／全球資訊網上重要的應用服務。

不過，接下來我們將忽視這些服務間的細微差異，將比較的重心擺在下面這點上，那就是「時間」。

意思是，這些服務都是網路社群服務，而在這些服務裡都存在著兩個以上的使用者。在這些不同的服務上、在這些使用者間，文字被傳送與閱讀，大家看完影片後彼此回應、徘徊在虛擬世界中。那麼，此時在這些使用者間所共享的是什麼樣的「時間」

呢？我想著眼於這一點。

如果要先說結論，在這些服務裡，NICONICO動畫藉由本書主要談論的架構效果，實現了至今不存在的時間性。而這項新的時間性在此應該可以把它稱為是「虛擬時間」吧！那麼，就儘快來分析。

同期性／非同期性——媒介溝通的「時間」

首先，在針對「時間」的分析上，先確定一下基本事項。

在被稱為媒體論或傳播論的領域裡，時常使用「同期」與「非同期」這種區分法。所謂的同期性媒體，就是藉由這項媒體來進行溝通的人（就算位處不同空間／場所，也能）享有共同的時間。相反的，如果在溝通的傳播者與接收者間存在著「時間差」，那就屬於是非同期性媒體。

被歸為同期性媒體的，有電話跟電視。當兩個人用電話來講話時，彼此雖然距離很遠，但在通話的當下卻享有共同的時間，因此被歸為同期性媒體。不過，答錄機卻屬於非同期式。因為答錄機雖然使用與電話相同的技術，但它的溝通方式卻是成立在不同的時間點上，因此是屬於非同期。此外，電視這項媒體是由電視台發射電波，將相同的內容同時傳送，因此在這種「電波傳輸」的技術特性上，也被歸為同期性媒體。同理，廣播也是屬於同期性媒體。

相對的，書、信與雜誌等「紙類媒體」則被歸為非同期性。因為這些媒體要由傳播者先在紙上寫些什麼，然後印刷後再送到讀者的手上閱讀時，已經過了一段時間，所以在訊息的傳送者與接受者間，必然會存在「時間差」。

不過，報紙的性質就比較複雜了。從前大家對於報紙的共同印象，是早上會在同一時間被送到家裡，然後爸爸會在出門上班前讀報。這種性質在讀者的接收時間上算相當同步（應該很少人會讀昨天的報紙吧！）而且，報紙從印刷後到送達為止的這個過程極短，所以傳播者跟接收者間的時間差也極小。因此雖然報紙使用的是紙張這項媒體，但卻非常接近電視等同期性媒體。

網路屬於非同期？

那麼，本書討論至今的這些網路社群媒體又屬於哪種類型呢？其實大部分都被歸為

「非同期」。

首先是關於網路上的內容，如果把部落格比為「出版」，那麼由於性質接近雜誌或報紙，因此屬於非同期。不管部落格、2ch或SNS，這幾項的書寫者在上傳資訊（文字等）的時間點，與讀者閱讀的時間點不同。也就是說資訊的傳播者與接收者間，是屬於「非同期性」（不共享同一時間）關係。另外，電子郵件基本上正如其名，是屬於「郵件」，所以也被分類為非同期。

當然，由於電子媒體的情況省略了輸出到紙上的步驟，所以能較快送到收信者的手上，而收信者也可以馬上做出回應。所以像是馬上回信的「秒回」，或是常黏在2ch留言版上一直按重整鍵的狀態，應該都可以被分類為同期性媒體。

但不管是全球資訊網或電子郵件，就整體技術而言，網路具有被歸為非同期性媒體的特性。

這邊我不詳細說明，不過，所謂「TCP／IP」[2]或「封包交換」[3]的網路通訊方式，是將訊息細分為一包包的小包，透過當時空閒著的路線，把訊息從甲地分散傳輸到乙地。打比喻來說，就好像是從東京送資料去大阪時，第一天走中央高速道路、第二天走東名高速道路、第三天則搭船，分成了三天來傳送。然後，等資料全匯集到了大阪的物流中心後，再將資料統一送出，網路是項「分散後再統合」的通訊系統。

也就是說網路在通訊方式的這個層面上，必然會產生非同期的時間差。如果要比擬，與其把網路歸成「電視」或「廣播」等同期性媒體，它還比較像是「信件」或「雜誌」等非同期性媒體的體現。而網路的這種做法，可以把經營通訊設備的費用壓得比電話低。而且就算業界裡進來了各種業者跟技術，只要守住封包模式，不管資料屬於文字類的小包，或影片類的大包，都能傳輸。這就是網路的整體特徵。

當然，在網路的應用程式中，以前也有同期性的程式。例如像「聊天」用的「ＩＲＣ」[4]或「即時通」（ＩＭ）等，就算是從比較早期就已經存在了。不用多說也知道，線上聊天這件事就是兩個人為了要即時溝通，而一直黏在電腦前敲鍵盤的狀態。另外像是線上遊戲或「Skype」等聲音通話程式，也能被歸為同期性媒體。不過，網路上的同期性媒體與非同期性媒體在相較下，同期性的伺服器負擔等維持費用較高，而且要超越好幾十人的層級，讓大批使用者同時通話的這事本身，就現實面來看是不可能的。因此也就沒有那麼多的大規模應用程式出現。

以上針對同期與非同期的解說在此告一段落。重點在於不論是媒體也好、網路也罷，至今為止的媒體溝通技術都具有只能被歸為同期或非同期其中之一的特性。但近幾年來，我認為似乎出現了無法被單純的歸為「同期」或「非同期」、具有新「時間性」特質的社群網站。以下就讓我們來詳細了解。

狀態共享服務——Twitter

首先從「Twitter來分析起。這項服務是讓人把「自己現在正在做什麼」的這種狀態相關資訊，每次以少於一百四十字來描述。

最近這種Twitter式的應用程式，也被稱為「微網誌」。第二章曾介紹過，部格格具有引用、回應、樣版編輯等各種機能。但相對下Tiwtter卻被限制為「一次只能打一百四十個字」，而在這種極簡單的機能限制下，反而讓這項服務大受歡迎。

讓我們來簡單看一下使用方法。首先，用戶先把自己當下的狀態、或突然想到的事，透過瀏覽器、電子郵件或即時通上傳。例如有人把「晚餐吃了咖哩」的這個狀態給寫下來，而在這個時間點上，這項訊息就只是「自言自語」的狀態而已。

接著，這個被上傳的訊息，在Twitter上幾乎同時被傳送給自己登錄為朋友的用戶，讓其他用戶讀取。Twitter與部落格或ＳＮＳ相比，由於是基於「共享目前狀態」這種概念而設計，因此擁有很多能以即時通或行動電話等共享機能，來把訊息立即讀寫的機制與周邊工具。

有時候在Twitter上，訊息會被「連」起來。比方在上述訊息上傳後幾分鐘，另一個朋友寫下「我也吃了咖哩」，那麼，這時後者的自言自語，在性質上就帶有承襲自上一則自言自語的「會話」性質（在Twitter上，能透過回應其他用戶的形式，來清楚傳達有如會話般的「交流」）。

接著，這個關於咖哩的「自言自語」一被連繫了起來後，就有人寫「既然大家都吃咖哩，那我晚餐也吃咖哩好了。」這種對話就是所謂「Twitter用戶常會講的話」，簡直能被編進「Twitter標準語錄」裡。不過這種無聊對話的「連鎖性」，卻能視為是Twitter的魅力之一。

這裡雖然舉了咖哩這種無聊的例子，但在Twitter上也常出現開會時那種大家提出一個又一個想法的「腦力激盪」情形。通常我們在部落格寫文章時，會覺得一定要在編輯區（打字欄）裡打進比一百四十個字還長的文章。而且一定要有條有理、引用時也要貼上連結等……，部落格的介面會讓人這麼覺得。我想不管怎樣，如果在部落格裡毫不整理就把腦中所想寫下，可能會招來「短薄」的感受（雖然很多部落格正是如此）。但如果是Twitter就能毫不在意的把當場想到的靈光片段給寫下來，然後，別的用戶有時就能針對這個發言來進行腦力激盪。

如此這般，Twitter正如微網誌這個名字所顯示的，因為被限制成只能寫很少的字，所以沒辦法上傳像部落格那樣質／量完整的內容。但另一方面，這項限制卻也比部落格的回應或引用，更容易在回應的感受上達成快速簡潔的溝通。

從以上事例，我們能歸納出Twitter的特徵在於①字數很短；②與即時通或手機連結，可促成讀取的即時性與反射性；③連鎖成突然、局部的交流。

什麼是選擇性同期？——同期與非同期之兩立

此處的重點特別是在於第③點特性（突發性局部連鎖）上。讓我們再次用同期與非同期的說法來形容這項特性。首先，基本上Twitter是讓用戶各自隨興（非同期）「自言自語」的工具。但就像在上面看到的一樣，時常會出現突然／局部性、且非常明顯有如同期性的交流連鎖。所以Twitter的特徵就在於能同時擁有同期與非同期這兩種特性。

重點在於這種同期性的交流連鎖，完全不是透過了系統達成的強制性／自動性效果。這種連鎖完全是在用戶自主「選擇」下產生的。

但像即時通或聊天室這類完全屬於百分之百同期性的交流工具，則會因為對話的主體間擁有共同的時間，所以為了不讓「冷場」破壞氣氛，時常得要做出一些什麼「回應」，會有這種壓力。此外，使用同期性媒體的麻煩處，以打電話來比喻大家就會明白。邀請別人使用同期性媒體的行為（例如打電話），因為會突然介入對方的當時情況，所以在某個點上，有時可能給對方帶來不便。

這種同期性交流的特性，常讓參加者感到壓迫、壓力或心情不好。但用Twitter的話，只要簡短打幾句話、非同期性的「自言自語」就行了，可以避免掉同期性交流引發的心理負擔。很多Twitter用戶都指出，這種魅力在於對話上的「輕鬆性」，而這種背景便在於Twitter混合了同期與非同期的獨特交流模式。

將以上的討論稍微整理一下，我們能把Twitter在時間上的特徵稱為是「選擇性同期」。也就是說Twitter的架構，基本上是將「非同期性」進行的說話行為（自言自語），藉由各用戶的各自「選擇」（連鎖），來突發性／局部性的轉化為「同期性」交流。

這種交流的創新之處，在於同期與非同期可以兩立。所謂的同期性交流，不管電話或聊天室，如果不在實際上共享同一段時間（例如在電腦前一直敲鍵盤），在物理性上就無法成立。但Twitter卻由字數限制與串連其他媒體的這種種架構特性，讓每個主體雖然處於「非同期性」情況，卻能產生局部性且突發性的同期交流。

在此，筆者雖然把「選擇性同期」的特性，講得好像是Twitter獨有的型態一般，但實際上絕非如此。第四章曾說過，現在的年輕人在利用mixi時，主要做法是把目前正在做的事，用電郵傳輸個幾句話到日記上，然後朋友間再彼此檢查對方的足跡。從前，「日記」是人們在睡前面對自我內省的文章，但現在則變成是把自己當下發生的事「實況報導」的文章（尤其是年輕使用者，把這種日記稱為「即時」、「一手」〔第一手資訊的簡稱〕），換句話說，其實在日本原本就存在著一定數量的使用者，把部落格或ＳＮＳ當成了Twitter般的利用。

順帶一提，尤其是在日本，Twitter這項服務一開始就針對所謂的Web2.0系，也就是平常關心科技工具，而ＩＴ能力也相對較高的「創新層」來做出訴求。之後，Twitter在日本的用戶數於二〇〇八年，（雖然官方不對外公布，因此只能採用推測數字）據說已經達到了十幾萬名的程度（Twitter的總用戶數，雖然也是推測，但據信有百萬人以上）。如果考量Twitter原本是英語圈的應用服務，那麼這個數值確實很龐大。不過，筆者認為在日本，數值不可能再成長得比現在還高。

理由很簡單。因為大部分日本網路使用者（尤其是行動用戶），在Twitter登場前就已經很習慣「選擇性同期」式的交流了。除了Twitter外，日本圈裡也出現了許多其他類似的服務，而這些服務之所以在目前還無法超越Twitter的規模，也是基於相同的原因。所以，「選擇性同期」型的服務在日本如果想比現在更普及，一定要再提供一些其他要素。

影片留言服務——NICONICO動畫

接著，來看看NICONICO動畫。

如果以一句話來描述NICONICO動畫這項服務，那就是「使用者能在影片的播放畫面上，加入自己留言（跑馬燈）的服務。」這裡所說的「在影片上加入留言」，指的是大約像下面這樣的流程。

首先，NICONICO動畫的用戶在觀賞影片時，可以在自己想加入留言的時間點上，上傳意見。比方說，某個用戶在影片的「一分三十一秒」處送出了留言，接著，別的用戶在看這段影片時，在「一分三十一秒」的時間點上，就會看見前一位用戶的留言，由右而左跑過螢幕畫面。

如果以比擬的方式來描述這一連串過程，應該可以形容為是直接在電影的膠捲上寫字，然後字就這麼被播放在螢幕上吧！因為如果直接在膠卷上寫字，不管誰重新播放影片，一定會在同一個時間點上出現這段文字（但如果只在膠卷的一個點上寫字，那麼實際放映時只會像「置入性效果」一樣，咻一下就消失了）。

播放時，這些留言一個個跑過螢幕的模樣，就好像是觀眾們欣賞同一個畫面時，彼此對影片的內容，一下子嘰嘰喳喳的交換意見、一下子吐嘈（的樣子）。而當影片上的留言愈多，同一時間出現在畫面上的回應也更多，所以才會常常出現影片的主體本身反而幾乎看不見，畫面全都被意見給淹沒的情況。

但這種上傳的意見，有沒有多到足以覆蓋畫面的程度，卻是NICONICO上評估影片「有不有趣」、「受不受歡迎」的指標。如果是熱門影片，那麼在特別受歡迎的橋段上，歌詞跟常見的梗就會被同時上傳（這稱為「炮火全開」）。而那種模樣看來就好像是球賽或現場演場的觀眾台上，觀眾們的齊聲歡呼、加油或謾罵，全都交融成一體（的樣子）。

這種NICONICO的特徵，正是讓觀看影片的觀眾產生「臨場感」與「同步感」的關鍵。而這種特徵應該可以描述成下面這般。包含YouTube在內，NICONICO動畫出現前的「影片共享服務」，其主要目的都在於把影片內容分享到網路上。但在NICONICO動畫上，正如我們看到的留言覆蓋住影片的情況般，觀賞影片這件事本身已經不再是主要目的了。用戶們上NICONICO的目的只在於「共享體驗」而已。也就是說，若以一句話來闡述這種服務，應該可以說成是「影片（觀賞經驗的）共享服務」吧！

什麼是類同期性？——因錯覺而產生的經驗共享

但在這裡有一點必須要持保留意見。現在我雖然寫了「經驗共享」，但就像我從剛剛就用「的樣子」來強調，這只是由某種「錯覺」形成的效果。為什麼呢？因為實際上，每位用戶觀賞影片的行為跟上傳意見的行為，無論是在時間或地點上都不是同時發生。畢竟從「客觀上」來看NICONICO動畫的情況，只要大家零零散散的針對影片各自回應，那麼這些交流行為就屬於「非同期性」。針對這點，NICONICO動畫的架構，透過了影片播放的時間軸，把這些「非同期性」反應出來的用戶留言，給「同期」化了，讓每位用戶得以「共享（同期）」觀賞影片的經驗。

讓我用之前的膠卷例子來說明吧！剛剛我說NICONICO動畫就像在影片的膠卷上直接寫字，然後讓文字直接出現在螢幕上。而膠卷平常雖然是捲起來的狀態，但如果唰的一下抽開，就能把它當成是一把「尺」來看。

這種「影片≒膠卷≒尺規」的類比，所意味的是，基本上「影片」這種物品不管對誰而言（這種確認實在太明顯不過），都是依循著「由前往後」的方向性來播放相同時間長度的影片，具有這種客觀性質（當然也可以暫停、快轉或倒轉）。也就是說播放影片的行為，不管對任何一位觀眾而言，可說都等同於「擁有相同長度與刻度的尺規」一樣。而NICONICO在架構上，便將每位用戶在「非同期」送出的意見，由這項「尺規的刻度」來整理，藉此在播放影片時，讓留言對每一位用戶來說，都會在「同期」的時間點上出現。

讓我們把以上論點由「主觀／客觀」的軸度來重新整理。我想，這是很明顯的事，所謂「臨場感」這種感受，如果不共享一段「客觀」意義上的「時間」（被正確刻畫在時鐘上的時間），那麼就無法產生。而在線上觀賞影片的行為，從「客觀的」時間流來看，只要用戶都在自己喜歡的時間、點選自己喜歡的影片來看，屬於這種「非同期性」行為的話，那麼基本上就沒辦法醞釀出臨場感受。

針對這點，NICONICO動畫利用了播放影片的時間軸這項「共同尺規」，把「主觀的」用戶影片觀賞經驗給同步化。這讓用戶們形成一種大家都共享「此刻」的錯覺。如果刻意用哲學的邏輯語彙來說，可以說NICONICO動畫是種透過架構來體現「交互主觀性」（或譯「間主觀性」）的同期性服務。

如上所述，NICONICO動畫其實把用戶對影片的「非同期性」留言，以架構來「同期」化，實現了類似「共享觀賞經驗」的一種服務。而這種特徵就讓我們稱其為「類同期」吧！

於是，這種NICONICO動畫的特性，與先前說過的Twitter特性非常相似。在關於Twitter上，筆者說它「是將基本上屬於『非同期性』的自言自語，透過用戶間自主的『選擇』（連鎖），轉換成暫時性／局部性『同期』交流的架構」。而不管Twitter或NICONICO動畫，從「客觀的」時間流來看，雖然用戶間的交流是在「非同期性」的狀況下進行，但站在用戶的「主觀性」時間流而言，卻（好像是）「同期性」的交流般。在這點上，Twitter跟NICONICO動畫有著相同處。

當然，這兩者間也存在著不容忽視的差異。相對於Twitter是靠用戶的自主選擇來產生同期性的交流，在NICONICO動畫中，則有依循著「影片這項尺規」來保存及播放的架構在作用，所以不需要Twitter那種「自發性選擇」的契機。所有觀看NICONICO動畫的用戶，只要在NICONICO動畫上播放影片，他們就能「自動的」感受到與其他用戶同步的觀賞體驗。第一章曾經說明過「架構／資訊環境」的特徵，就在於把法律那種需要人們自覺遵守，才有辦法發揮作用的規則，「自動」（於無意識間、於物理上）去執行。從這個點來看，NICONICO動畫可說是比Twitter具有「更高的架構性」。

3D虛擬空間——第二人生

第三個想討論的是3D虛擬世界「第二人生」。這是種可以在名為「Metaverse」的虛擬世界中，以所謂化身的角色分身來體驗的服務。

現在，筆者雖然用了「3D虛擬空間服務」這種形容詞，但如果只以「3D」來表現出虛擬世界，讓很多使用者聚集起來做些活動的話，那「MMORPG」（Massively Multiplayer Online Role-Playing Game，大型多人線上角色扮演遊戲）這個線上遊戲，早就已經實現這一步了。

針對這點，第二人生的特徵在於它看起來雖然很像「MMORPG」，但捨棄了所謂的「遊戲性」。這裡的「遊戲性」這個詞，意謂的是「讓玩家對某種目的或課題產生實現的動機，透過遊戲內的規則設計，給玩家資源、動機（想要／不想要的事）與限制的情況」。

而第二人生在捨棄了「遊戲性」的同時，它所引進的是讓玩家可以擁有虛擬空間的土地。在那裡，不管誰都能自由的帶進物品與建設，具有這種所謂UGC（User Generated Content，由使用者來創作內容）平台性質。此外，只要是一些簡單的遊戲，第二人生也允許使用者自行創造。通常「遊戲性」是由遊戲的開發者，在一開始時就先建構在架構裡，而玩家（用戶）基本上沒辦法進行改變。但在第二人生裡，只要會操作虛擬世界裡的一些簡易物理法則，用戶也能創造出「遊戲性」。這點，不但是第二人生與MMORPG等服務的不同特徵，也能看成是第二人生做為繼部落格與SNS後的「後CGM系服務」特徵。

在這種情況下，先前於美國備受矚目的第二人生，在二〇〇七年七月公開了日文版服務，也吸引了許多日本企業進駐這個虛擬空間。當時，媒體上出現了「從此，第二人生也要在日本盛行了」的氣氛。但另一方面，當我們旁觀網路上的意見會發現，很多人都覺得第二人生「早就不行了」。

這些意見有很多種理論依據，其中，能列舉出的最有力根據是認為第二人生其實「很冷清」。

比方說，根據經營者林登實驗室（Linden Lab）所發表的官方數據可以發現，雖然當時註冊的用戶數急速攀升，但很活躍的用戶或時常在線的用戶卻很少。此外，二〇〇七年也傳出了進駐在第二人生的企業紛紛撤站的消息，究其原因，當然是因為「用戶的反應不如預期踴躍」。

就像這樣，二〇〇七年夏天，媒體上鎮日報導第二人生將造成風潮，而網路上卻持相反意見，指稱這一切只是空穴來風而已，出現了這種對立情況。簡單來說後者（網路使用者）的主要理由，是「第二人生上，根本就沒伴隨著使用者的這項實體，不過是一大堆過剩的媒體跟廣告商，在那裡形成『空虛化泡沫現象』而已」。某則記事甚至還冷嘲熱諷的形容這種情況是第二人生「雖然可以讓企業做做進駐的宣傳效果，但可惜沒釣上任何客人」，也就是說企業雖然能在媒體上用這是項「新嘗試」來自我行銷，但實際上卻吸引不了顧客——就這麼露骨的被表現了出來。

什麼是純粹同期？——為什麼第二人生如此「冷清」？

為什麼大家會說第二人生很「冷清」呢？這裡頭有各種原因，不過其中特別重要的是起因於第二人生的架構。

首先，在當時引發了極大討論的，是同一時間在同一場所的用戶數限制問題。這指的是在第二人生裡，同時「共存」於同一「私有ＳＩＭ」（企業跟第二人生買進的一塊虛擬空間裡的「土地」）裡的用戶上限，僅限於幾十個人左右。這主要是考量到伺服器問題，但如此一來「賓客盈門的盛況」不可能發生，當然也理所不過了。

那麼若是今後「人數限制」這項架構「缺陷」獲得了改善（假如具備了讓好幾百人或幾千人用戶，同時共存於同一伺服器上的能力），那麼第二人生的「閒散」問題就能獲得解決嗎？的確，如果這麼做就會形成許多永遠都很熱鬧的「鬧區」，可能可以大幅改善大家覺得「四處都很冷清」的觀感。但筆者認為「人數限制」並不是最根本的原因。最根本的問題並不是第二人生的「空間性」，而是它的「時間性」。

怎麼說呢？因為如果就交流空間中的主體，能共享此刻（時間的流逝）的這層意義上來說，第二人生可說是同期型的交流服務；也就是可以跟即時通或聊天室並列為同一類型。在此，為了跟Twitter的「選擇性同期」及NICONICO動畫的「類同期」相比，讓我們將這個特徵稱為是「純粹同期」。

其實，這種論點一點都不稀奇，早在第二人生備受矚目前，MMORPG就已經被人說是「性能超強的聊天室」。因為玩RPG遊戲時，通常只要過了一定關卡，那麼這個虛擬空間裡就沒其他好玩的事了。可是玩MMORPG時，就算已經玩膩了遊戲本身，玩家還是會為了想跟裡頭的朋友聊天而每天都登錄進去，形成某種變質化的遊戲目的。那些沉迷在遊戲裡的人，通常會說「雖然我已經玩膩了，可是在裡面的感覺很舒服，所以我戒不掉」指的就是這種情形。

那麼，第二人生是屬於「純粹同期」型的社群網站。這麼一來，問題在於裡頭為何看起來（變得很容易讓人看來覺得）「很冷清」？原因就出在第二人生裡，「每個玩家只能存在單一場所」的這項（非常非常理所當然的）事實。

比方說，在第二人生上，某個前一天還有很多人聚集、感覺很熱鬧的虛擬空間，隔天卻突然連一隻小貓也沒了（明明昨天前還鬧哄哄的，今天卻「荒涼」得讓人覺得好像在開玩笑一樣），這種事是可能發生的。如果把這與非同期型交流相比，應該很容易明白。如果是部落格或SNS，就算過了一天也不會發生其他用戶全跑光的情形，亦不可能失去跟他人互動的機會。那些很熱鬧的留言版，就算你隔天再去看，基本上還是能追蹤前一天的內容。但在純粹同期的交流網站上，情況就變得不一樣了。

這種「純粹同期」的特徵與非同期型相比之下，可以說是要付出較高的「機會成本」。所謂「機會成本」，是指「如果與某個人聊天，就會失去做其他事的機會」。亦即，不能跟其他人在「同時間交流」的可能性很高。

就算是在現實社會裡，也常發生原本很受歡迎的店或觀光區，過了幾個月後突然風潮退散、變得寂寥冷清。而第二人生在固有特質上，就會讓這種褪流行的速度變得太快。因為第二人生的架構上，雖然把「場所」這種概念很「現實性」（某種程度上可以重現現實社會）的重現，但相對的也以極度「非現實」（只要靠「SLurl」這種獨家定位設計，一按下搜尋，馬上就能電傳〔teleport〕離開現場）的手法，來呈現出「距離」觀念。

當然，因為可以電傳，所以也可能讓某個場所在一瞬間湧進了一大堆人，形成「門庭若市」的景況。但今後就算第二人生提升了同一伺服器的人數共存力，但「鬧區」跟

「僻地」的人口密度差異也會跟著變大。而僻地「閒散到嚇人」的情況也會更加嚴重。雖然很諷刺，但第二人生可能會愈來愈接近「現實社會」。

讓我們再確認一次，只要第二人生具有「純粹同期型」的特質，那麼就沒辦法把「清冷」的情況從虛擬世界解決。如果從「廣大無垠」的觀點來看第二人生，那它的確是很大規模的虛擬空間，但若從「人口密度」來看，它卻又極度蕭散，也因此必然會出現「冷清」的情況。

純粹同期是「狂歡過後」，類同期則「永遠狂歡」

筆者到目前為止的分析，把Twitter稱為「選擇性同期」、NICONICO稱為「類同期」，而第二人生則是「純粹同期」。讓我們就這種觀點來導出背後的含意。這個含意，跟NICONICO動畫在與第二人生相比時，為何會迅速獲得大多數使用者支持的原因有關。

我想，NICONICO動畫的急速成長當然有很多要因，在此要特別著重的是NICONICO動畫的「類同期型架構」。以一句話來摘要，就是這種架構讓NICONICO

動畫容易顯得「熱鬧熙攘」，也因而吸引了許多使用者前來，難道不是嗎？

就像之前分析過的，NICONICO動畫的特徵就在於能夠讓實際上並不共享同一段時間（非同期性）的使用者們，看來「好像是」共享現在此刻（同期性）交流的這種錯覺。在此重要的是這種類同期交流所帶來的臨場感與整體感，並不「僅限於當下」的特點。

比如不管是演唱會、電影或第二人生，在這種「純粹同期」的場合裡，臨場感僅限於當時在場的人共享。一旦時間結束後，之後再進場的用戶，絕對沒辦法共享當初那種臨場感，也就是會面臨所謂的「狂歡過後」之情況。因此，純粹同期具有容易發揮臨場感的基本性質。

但在NICONICO動畫上，被上傳的留言會存在系統裡，所以不管誰看到這段影片都會看到相同的時間，於是臨場感與整體感就得到了無數次重現。不過，因為每段影片上能顯示的留言數有限，所以當新的留言進來時，舊留言就會依序被擠掉。亦即並非所有意見都能完整呈現，而會出現「時間差」。

所以，如果「純粹同期型架構」是不可避免會發生「狂歡過後」的體系，那麼，「類同期型架構」便可以說成是藉由醞釀出「永遠都在狂歡」的狀態，來迴避掉「清冷問題」的系統。

若以比喻方法來描述這種類同期型架構的特點，那就是它比較容易延續「狂歡的賞味期限」。例如曾在第三章中討論過的2ch，因為有「每帖僅限一千則回應」的限制，所以舊帖會被「.dat歸檔」而無法閱讀。也因此在「狂歡」結束後幾天，就會出現「狂歡過後」的現象，所以才有用戶主動去保存所謂的「良帖」（大家覺得品質好的帖子），而「彙整網站」及「2ch系新聞網站」的存在，也在「追進度」上提供了極有效的幫助（例如《電車男》〔二〇〇四年〕，就是從這種網站上被發現，並以其為本編寫成書）。相對於這種情況，NICONICO動畫可說是藉由架構來補足了這種人力經營的「彙整網站」所具備的機能。

此外，從NICONICO動畫與2ch的共通處而言，NICONICO動畫在提升了「類臨場感」的同時，其「厲害之處」就在於「不知道哪個留言是誰寫的」這種特性上。換句話說，也就是在於它的留言匿名性特點上。

雖然，NICONICO動畫跟2ch為了要把「自導自演」的情況給抓出來，而導入了「ＩＤ制」（為了容易區別同一天從同一個ＩＤ、在同一帖上發了多少意見，而使用「ID:4sn6vcrS」之類的代號機制），但在NICONICO的介面上，光瞄一眼，根本就不知道哪一個留言是誰寫的。也因此就算實際上是同一個人上傳了一大堆留言，還是很容易就能創造出一種好像這個影片很熱鬧的「錯覺」。

NICONICO動畫是個複製「現在、此處性」的裝置

如果以媒體論來理解NICONICO動畫的這種特性，那可以說特徵就在於「現在、此處性」的複製技術。

很多人都知道華特・班雅明（Walter Benjamin，一八九二—一九四〇，德國哲學家）在〈機械複製時代的藝術作品〉中，指出了從前繪畫跟雕刻等藝術作品，由於能重現「現在、此處」的這種「一次性」，因而擁有所謂的「靈光」（aura）。但自從攝影跟電影等影像複製技術在十九世紀興起後，就被奪走了這種「一次性」的條件了。

依據班雅明的說法，藝術作品的「靈光」是被建立在「一次性」的經驗條件上，也就是說對象物是存在於這世上的唯一原真。想要感受與經驗這個對象物，僅能在「現在、此處」的這種一次性條件下成立。但電影、攝影跟唱片等大量複製內容的技術條件出現後，把這種「一次性」從人類的手中給奪走了。由於這種說法簡單明瞭，大家直覺

就能了解（從「聽CD不如聽現場」的這種感覺去理解，很容易懂），所以時常被提出來參考。

但如果誇張一點來說，筆者認為NICONICO動畫的出現，崩毀了班雅明的這種構圖。因為班雅明所謂的「靈光」，存在的前提在於「一個身體只能存在一個場所」的這種所謂真實世界（第二人生）的制約條件下。但相對的，NICONICO動畫卻把原本只能在「當場、一次」出現的「現在、此處性」，透過架構的作用，達成了「複製」的裝置。當然，它並不能複製藝術作品（數位內容），可是它卻可以複製在「現在、此處」經驗的這種「經驗條件」。而我們可以理解它為，因為資訊環境（架構）的出現，而形成了這種「複製技術」的必然（根柢層次上的）進化。也因此我認為NICONICO動畫將是媒體史上，擁有百年以上影響力的重要事件。

類同期的經濟分析

以上針對類同期所做的探討，絕非筆者從媒體論角度所做的泛泛空論。其實，就算是從經濟角度而言，上述論述也能提供有益見解。

因為所謂的「同期性體驗」比起「非同期體驗」而言，從經濟學角度來說，是較為「稀少」及「有限」的。在同一個社會中，要讓「大家共享同一經驗」的這種同期性，其規模肯定有限。但相對的，非同期性體驗則可視個人喜好，自行去享受數位內容所帶來的樂趣；因此基本上可以無限分化下去。而NICONICO動畫在這一點上，利用了架構效果來「複製」出同期體驗這項稀有的資源。

為了瞭解這種性質，讓我們來參考大眾媒體跟網路的對立關係這項許多人已經討論過的問題。

如前所述，大眾媒體在同一時間能把內容一次傳播出去的這項特點上，是屬於同期性媒體。從前像《力道山》或《紅白大賽》等節目，都藉由這種媒體的同期性，把看電視的這項「居家活動」，直接連結到「全日本人都在看這節目」的整體感（同步感）上。

但相反的，網路的出現卻把電視或新聞的這種「大家一起在同一時段看同一節目」的經驗同步性，給瓦解得零零散散。因為不管是收發電郵或上網站，基本上，網路就是隨興之所至、隨性使用的非同期性媒體。

尤其是對於那些成長於社會的中心就是電視的世代，他們會覺得網路的出現帶來了負面影響，我想，也是因為上述這項特點。由於網路是非同期性媒體，所以沒辦法知道大家現在到底在看什麼，也因為這樣會讓人覺得社會的整體感與透明感的部分，好像就這麼不見了。

但另一方面也有許多人覺得網路的出現讓大眾的行動分散擴張，這其實是件「好事」。因為，現代人都忙，眾人感興趣的事變得相當多元、完全不一樣。現在早不是那種全員都喜愛巨人隊的時代了，也因此能在自己喜歡的時間、去隨自己興趣觀賞的需求取向型（非同期型）媒體，反而比較好。那些喜迎網路出現的人，如此主張。

另外，最近大家也發現有愈來愈多人會透過硬碟錄放機或YouTube來收看電視。而針對這種現象，媒體界與廣告界的人把它當成「電視廣告被縮短了」來大做文章。其實，在更本質的層次上，這意味著身為「同期性」媒體的電視，被消費者以「非同期性」方式來使用的視聽經驗之改變。

就這樣，網路及硬碟錄放機等新媒體的出現，被認為在基本上將現代媒體環境，一步步轉化到以非同期型為主的環境上。但非同期型媒體也有弱點，那就是由於非同期型媒體會讓交流的頻道細分到極龐大的地步，所以究竟現在有什麼熱鬧的事正在哪裡發生，已經愈來愈難察覺。也因此如果不是耐得住寂寞，或是非常清楚自己興趣屬於哪種類別的人，愈來愈難從非同期型（需求取向型）媒體獲得滿足。可惜的是並非所有人在所有領域上，都有辦法變成上述那兩種人。

在這種情況下登場的，就是NICONICO動畫。基本上NICONICO動畫的用戶，就像是使用硬碟錄放機這種非同期型媒體的使用者一樣，能在自己喜歡的時間收看想看的影片。而且藉由跑過螢幕上的留言跑馬字幕，能讓用戶覺得自己好像跟其他用戶在同一個場所，正與高采烈鬧哄哄的看著同一部影片一樣；這就是把從前電視時代那種大家共有的「客廳裡的同步感」給重現的做法。亦即，NICONICO動畫的類同期性，可以重現神似電視的效果，實現了「虛擬客廳」的感受。

如此這般，NICONICO動畫的「類同期性」，把大眾媒體的同期性與網路的非同期性做了「長處上的結合」。更進一步來說，筆者認為這種特性甚至能說成是NICONICO動畫「融合了電訊及傳播」，亦即它實現了網路與大眾媒體（電視）的結合。先前活力門（Livedoor）與樂天等網路業者想併購電視台時，他們的企圖與其說是要「融合」，還不如說只停留在「讓棒球轉播能在網路上同步收看」或「讓電視購物台跟網路購物連結」的程度而已。但NICONICO相對於此，難道不是從更根本的架構層面，把大眾媒體可以達成的感受給重現在網路上嗎？這是筆者的想法。

三論日本社會論

在此，希望大家研究一下本書目前為止已經反覆探討過很多次的問題。而一路閱讀至此的讀者裡，有些人可能也已經想到了這問題，那就是「既然類同期這種架構如此卓越，為什麼縱觀全球，只有日本的網路上出現這種服務呢？」

其實，在全世界找不到類似NICONICO動畫這樣，能在影片播放時同步播出觀眾留言的服務（附帶一提，撰寫本文的二〇〇八年七月，NICONICO動畫已推出了繁體中文版、西班牙語版與德文版等國際對應）。在英語圈中，雖然也有能在影片上顯示字幕跟意見的服務，但那些頂多只被當成「補充說明」來使用，目前還沒出現能讓使用者進行「交流」的服務。

另外，NICONICO動畫在一開始提供服務的前幾個月，原本是被當成在YouTube的影片上貼上留言的服務，但反過來，YouTube這邊卻完全沒提供這項交流，這也是其特徵之一。雖然YouTube也有留言版等交流服務，但基本上使用YouTube的人都是直接在留言版、部落格、電郵或ＩＭ上，點進別人介紹的ＵＲＬ或「內嵌」的影片，接著，下一秒鐘影片就會開始播放。而在這段過程中，完全不需要像利用Ｐ２Ｐ檔案共享軟體時要先安裝程式，也不用像SNS需要有社團的入社邀請等，什麼都不用。

也就是說YouTube在架構上的特性，是只要從其他社群網路「點進連結，就能連過去」的這種近距離存在。同時，它也是只要點進播放後，就能馬上從瀏覽器上觀看的服務。因此，如果回過頭來說，YouTube的「使用者」根本沒意識到自己在「利用」這項服務吧！因為，那只是一個能播放影片的服務而已。也因此雖然YouTube是源起於英語圈的服務，卻能在比較早期的階段（正式提供日文版是在二〇〇七年六月），就擁有了許多日本用戶。

從這個現象可以發現，如果只要看影片，然後把這當成是在別的場合跟人交流的話題，那根本就不需要NICONICO動畫，只要YouTube就夠了。可是為什麼日本卻出現NICONICO動畫呢？為什麼它能這麼迅速的就吸收到用戶（在NICONICO出現一年半後，註冊用戶量已經突破了七百萬人）？而在二〇〇八年的此刻，為什麼這種架構竟然只出現在日本這個國家呢？

答案非常清楚。因為就像本書一直清楚所揭示，從2ch到mixi，日本網路上已經誕生了特殊的日本型社群網站。而做為這種「加拉巴哥式」（加拉巴哥群島是太平洋上的群島，保有獨特生態，因而常被引用來比擬獨特的生態情況）——就像日本獨特進展的手機常會被這麼形容般——進化的原動力，就在於其「連結的社會性」。也就是說，NICONICO動畫其實是被創造來做為比YouTube更直接、且強力實現「連結社會性」的架構。

所以，重點並不在於交流的內容，而在於交流的事實。這種傾向從NICONICO動畫的畫面，被留言覆蓋得看不到主體的情況中，也能清楚看出在這點上，使用者的重點並不擺在影片的內容本身，而是把影片當成話題的「梗」，藉此以彼此交流，這才是主要目的。

NICONICO動畫上的「話梗式交流」（鈴木謙介），通常都是以下面這種模式來進行。例如，當畫面中某處有個「笑點」，而這個笑點在用戶間是很明顯的存在（明梗）時，此時NICONICO動畫的觀眾，就會幾乎像脊髓反射般的狂敲鍵盤上的「w」鍵，然後按下送出。之後，畫面上就會出現了「笑呵呵」（w）的迴響。當然有時候有些梗沒辦法馬上看出來（隱梗），這時有些用戶就會用「吐嘈」的方式來揭露（明顯化），接著又會引發一連串「笑聲」（w）。這種「話梗」（→「吐嘈」）→「笑聲」的一連串過程，就是組成NICONICO動畫上交流的基本要素。

而這種交流，把留言的「後設層次」（meta level）往做為「對象層次」（object

level）的影片吐嘈，讓影片脫軌到能當成享樂話題的對象物。身兼NICONICO動畫監導的西村博之，曾說明NICONICO動畫的特徵，在於其能「（藉由吐嘈）把無聊的事變有趣」[5]。而這種吐嘈的做法完全就是繼承自先行社群網站2ch的交流法。

正如第三章介紹過的，在2ch上，用戶不會「直率」（正如字義般）的去接受事物的情況，而會像朝日新聞所採取的那種「右翼又在幹麼了呢？」的標準模式，從「後設水平」夾雜著曖昧的認知空間，展開嘲諷式的交流。NICONICO動畫可說完全是這種2ch交流法的「影片版」。

另外，NICONICO動畫在許多方面也跟2ch有共同點，尤其是NICONICO動畫的監導人，剛好又是2ch管理人西村博之。像是NICONICO動畫裡的特有黑話，就與2ch黑話有許多共同處（例如以「ちょw」來表示「笑聲」）。此外，NICONICO動畫上並不會自動顯示上傳了留言與影片者的名字，也就是擁有高度的匿名性。

這種匿名性，在只是疑似匿名的這個特點上，很值得關注。因為NICONICO動畫（也跟mixi一樣），一定要成為會員後才有辦法收看內部的所有資訊，所以是屬於密閉型的網路服務（在二〇〇八年春天後，開始提供能從外部收看影片的機能，但並未改變一定要登錄才能觀賞的機制）。這點從體制的內部看來（從營運者的角度看），意味著所有用戶的匿名性其實並不存在。例如就常有用戶上傳了違反著作權法的影片而被停權。亦即系統商其實能追蹤誰上傳了什麼影片等資訊。但即便如此，在用戶目光可及之處，（表面上）NICONICO還是匿名性很強的網路服務。

非同期型的2ch，與類同期型的NICONICO動畫

不過，在2ch跟NICONICO間還是存在了不可忽視的差異，那與本章所探討的「同期」與「非同期」也有所關連。

在2ch上進行的交流，就跟一般留言版（BBS）的模式一樣，帖子跟回應會依「1↓2↓3↓…」的順序，來排成單排行列。所以，當大家熱烈討論起某一個話題，而形成了所謂「狂歡」情況時，帖子的更新速度就會加快，而嘲諷的「現場」也會從「1↓2↓3↓…」不停的往上移動。

問題是，如果不在第一時間（＝同期性）參與這場狂歡，那就會被「狂歡」的共同體給甩開。雖然說在某種程度上，也能像先前描述的那樣透過「彙整網站」來「追進度」。可是時間的流逝誰也沒辦法阻止，所以參與者間所共享的條理默契必然就會容易

潰散了。

因此，為了提升對「狂歡」的向心力，2ch上永遠都存在著對新梗（「燃料」）的需求。結果造成了2ch民常去「突擊」外部，藉此以挖掘高燃率新梗的事件。而情況正如至今為止許多熟悉2ch生態的社會學家所說，2ch之所以有時被認為是「網路右派」的巢穴，有時又被看成是「草根新聞」的理念徹底實踐者，理由可以說就是因為這種向外追求「話梗」的社群交流運動，在過度暴走下形成的結果。

這一連串歷程，被北田曉大稱為是「失去了（能提供什麼很無聊、什麼很厲害的基準之）偽非凡存在的嘲諷遊戲」[6]。在北田的想法裡，2ch的嘲諷遊戲之所以常發生暴走的現象，是因為他們沒有一個「非凡者」的存在。在八〇年代的電視文化中，被稱為「業界」的節目內部，會先表現出（決定）哪裡是應該發笑的橋段，而看電視的觀眾只要依據他們的準則，在一半覺得好笑、一半「配合演出」的情況下，就能滿堂歡樂。但在2ch上卻沒有「業界」這種擁有非凡地位的審理層級存在。就算有管理留言版的「Hiroyuki」（2ch管理人西村博之的代稱），但他並不能決定所有帖子的發展方向。

造成2ch社群交流暴走的另一個原因，我想，還可以舉出其架構的「非同期」且「單線發展」的特性。就像先前談過的，2ch上只要交流速度一個滾一個的愈來愈快，那麼，在這個嘲諷遊戲的共同體裡必然出現「非同期性」的裂縫。而那種「現在、此處性」，也無可避免的會被切斷。因此2ch的交流脈絡沒辦法安定，而群眾也會因而故意去製造一些大「話題」出來，最後就演變成時常暴走了。

相對的，NICONICO動畫又是如何呢？如同先前說明過的，NICONICO動畫這種「類同期型架構」，永遠會把數位內容（影片／梗）跟交流（留言）呈現在同一個畫面上。也就是說，NICONICO動畫的嘲諷遊戲共同體，藉由與「影片」這項基礎條件同步的效用，永遠能在第一時間裡呈現在所有參與者的眼前。反過頭來說，就是NICONICO動畫透過了架構效果，把切斷交流脈絡的「非同期性」（時間差），給疑似抹消了。

讓我們再次回頭來看。北田曉大認為八〇年代的嘲諷遊戲，是由電視台（業界）這種「偽非凡者」所支撐，但繼承了嘲諷遊戲的二〇〇〇年代2ch文化，卻失去了這項效果。可是，當我們經過上述討論後，會發現NICONICO動畫難道不已經透過了「類同期型架構」這項機制，如其字面上的意義般，把這種效果給「類似」重新呈現了出來嗎？筆者如此認為。

筆者認為跟2ch相比，NICONICO動畫正是透過了這種效果，來壓低群眾交流被空轉、擴散與暴走的風險。在此雖然無法舉出實例證明，但希望藉由將發生在NICONICO

動畫與2ch上的「狂歡」性質加以比較，以做為旁證。

幾乎所有2ch的「狂歡」，都伴隨著對2ch外部團體（部落格、mixi、大眾媒體……）的具體「攻擊」（例如灌爆回應欄、發動F5鍵攻擊與「突擊」現場等行為……）。老實講，這些事給人帶來了「野蠻」的觀感，也因此長久以來2ch成了讓人害怕或侮蔑的對象。

但相對的，發生在NICONICO動畫裡的「狂歡」，則幾乎全都在裡頭結束掉。雖然有些狂歡常受到外部注目（例如「初音未來」、「貓鍋」、「吉幾三混音潮」等）[7]，但做為NICONICO動畫起點的那種「進攻」外部團體之現象，則幾乎沒發生過（不過從侵害著作權的觀點來看，則又是另一回事了。在此僅以「狂歡」的角度來談）。

而且在NICONICO動畫上，像從前北田曉大等人擔心的「網路右派式存在」（反韓、反右派、反媒體），他們的勢力雖然不能說已經明顯停止，但至少筆者認為已相當程度的退化與減少了。當然，不是說這類內容的影片及意見已經全數滅絕，其實有時候還是會出現在排行榜的上頭。可是與2ch時代相比，現在右派意見很少晉升到「狂歡」的主要話題中。而且在歷代點閱率排行榜的前一百名裡，完全沒有「網路右派」的相關內容。

這種情況，如果讓我們回想一下NICONICO動畫的「源頭」，豈不是很讓人驚訝嗎？對許多人而言，NICONICO動畫的使用群體其實跟2ch「很像」。而如果日本不存在2ch，那麼NICONICO動畫應該也就不會誕生。即便如此，這兩者間還是產生了上述所見的差異，這件事在思考日本社群網站的進化歷程時，絕對是不可忽視的重點。

1 「微網誌」指的是比一般部落格，在機能上有使用限制（例如Twitter就限制了書寫字數）的服務。為人熟知的除了Twitter外，還有「Tumblr」及「Jaiku」等。mixi也曾在二〇〇八年於網站內提供了一段期間的類似服務，稱為「echo」。

2 TCP／IP各為「Transmission Control Protocol」以及「Internet Protocol」的簡寫，為網路的基本通訊協定。IP就是所謂的「IP位址」，也就是類似於郵件的「寄送地址」。至於TCP，則是實際傳訊的通訊技術。不管WWW（全球資訊網）、電子郵件或P2P檔案共享，基本上都是透過TCP／IP的這種通訊協定來作用。

3 「封包交換」指的是把資料分成「小包」來傳送的方法。一九六四年時，當時隸屬於美國空軍智庫RAND研究所的巴蘭（Paul Baran，一九二六—，美國資訊學家）與英國國家物理實驗室的大衛斯（Donald W.Davies，一九二四—，英國電腦學家），幾乎在同時間提出這項機制，而為人熟知（後者使用了「封包」這名詞）。通常認為，網路是做為在核戰爆發時也能作用的分散通訊系統而被開發，在此點上較近似的構想是前者的研究。但後來也有人認為，前者的研究並沒直接影響到美國國防總署底下組織於一九六九年開發的「ARPANET」，因此也出現了意見紛陳的情況。

4 IRC（Internet Relay Chat）是為了在網路上，以文字即時交流而於一九八八年開發出的技術，擁有相當悠長歷史，目前仍被使用中，算是具有代表性的聊天工具。

5 西村博之，〈「把無聊的事變有趣」由Hiroyuki談「NICONICO動畫」的價值（1／2）〉，《Itmedia News》，二〇〇七年（http://www.itmedia.co.jp/news/articles/0701/30/news035.html）。

6 北田曉大，《嗤笑的日本「民族主義」》（嗤う日本の「ナショナリズム」），NHK出版，二〇〇五年。

7 「貓鍋」是把貓窩進鍋子裡、填滿整個鍋子的模樣給拍下來的影片，因為很可愛，瞬間在NICONICO動畫及YouTube上形成轟動，也被電視節目介紹。而「吉幾三混音潮」，則是把吉幾三的〈俺要上東京〉（一九八四年）一曲，搭配其他樂曲混音的作品，突然成為了話題焦點。由於其「駭人之同步比（超越同步比）之高」，引發了許多相關樂曲被上傳到NICONICO動畫的風潮，造成頗大矚目。

第7章

數位內容的生態系與「通訊記錄的真實性」

●虛擬人聲初音未來／手機小說《戀空》

VOCALOID、初音未來現象

本章稍微改變一下方向，不討論先前談的社群網站「架構」，讓我們來研究一下，在社群網站上誕生的「數位內容」。

接下來，做為討論題材的是在以NICONICO動畫為主等媒體上，引起眾多討論的「初音未來」，以及手機小說《戀空》。

二〇〇七年時，出現了名為「初音未來」的虛擬「歌手」，這是個能讓使用者用宛若真人歌唱般的聲音，來自由創作樂曲的軟體名稱。而在軟體的外盒上，刊載了一個被設定為「愛唱歌的十六歲女孩」的角色圖樣，而這個女孩就是虛擬歌手初音未來。

她被當成了跟NICONICO動畫一樣，都是引領日本CGM（Consumer Generated Media，消費者自組媒體）風騷的代表產物，掀起了極大討論。當初在發行之後，NICONICO動畫上馬上就出現了許多以她來創作的作品，聚焦了眾多目光。之後，這場初音風潮不僅催生了用這個軟體來創作的「歌曲」，還衍生出各種作品及二次創作。例如，不僅有大量的初音未來插畫跟卡通、3D電影等，甚至還有以初音未來為3

D模特兒的免費編舞軟體「MikuMikuDance」。初音未來可說扮演了孕育出各種UGC（User Generated Content，自行產製內容）作品的平台角色。

話雖如此，但大家都知道日本的次文化世界裡，使用者（消費者）向來會把某個作品當成「題材」，以此來創作衍生物，也就是所謂的「同人創作」或「二次創作」，這種文化在日本向來根柢深厚。那麼，為何在二〇〇七年這個時間點上，尤其是在NICONICO動畫上，以初音未來為題材的同人文化會突然繁花盛開呢？在此，希望就這點來討論。

說來，筆者之所以會對這點有興趣，是因為像初音未來這種「歌聲合成」的語音產品，其實早在以前就已經出現過好幾個了。二〇〇三年時，Yamaha公司已經完成了相當於初音未來「引擎」的語音合成技術「VOCALOID」第一版。而使用了相同引擎製作的產品，也由開發初音未來的CRYPTON FUTURE MEDIA公司，以「MEIKO」及「KAITO」為名，在二〇〇四年時推出市面。初音未來不過是之後以改良過的「VOCALOID」第二版所研發出來的產品。也就是說在初音未來出現前，早已經存在像她那樣的歌聲合成軟體。

那麼，為什麼在初音未來之前就已經存在的虛擬歌手MEIKO跟KAITO，都沒有引發初音那樣的話題呢？而且據說MEIKO還是創下了空前銷售記錄的ＤＴＭ軟體。此外，在NICONICO動畫登場前，YouTube的存在就已經廣為日本使用者所知。既然如此，就算YouTube上掀起了所謂MEIKO作品潮也毫不稀奇，但卻沒發生。雖然初音未來登場前，YouTube跟NICONICO動畫上，也有人上傳過MEIKO跟KAITO的相關作品，但再怎麼說都沒有巨大活潑到足以形成讓人覺得是「生態系」的ＣＧＭ環境。這又是為什麼呢？

好萌少女初音未來

在探討這個問題時，來參考音樂學家增田聰的看法[1]。他的看法簡潔而言，就是初音未來之所以會如此受歡迎，是因為「她」是位擁有了非常迷人「萌要素」的角色。也就是說，初音未來讓大家「萌了」（「萌え」指的是讓人心動、眼睛一亮、產生情愫或狂熱之意，常被用於宅語言中）。但MEIKO跟KAITO雖然也被賦予了虛擬形象，可是卻不像初音未來有那麼多的「萌要素」，所以並沒有掀起熱潮。這種見解對於平常就沉迷於NICONICO動畫中，不知看過了多少初音未來作品的用戶而言，可能會覺得「怎麼現在才在講這個？」可是這其實不是一眼就能看出的見解，接下來我會繼續說明。

首先，增田聰注意到的，是初音未來的發行商與消費者間，存在著下述明顯的認知差異。當初開發初音未來的公司，把這項產品定位為「支援DJ文化的作曲創作」（透過削減創作勞力，豐富使用者能控制的聲音材質）而推出市面。也就是初音未來這項商品的「角色」面，不過是被定位為VOCALOID這項商品的「副產品」而已。但後來初音未來不但被用來創作音樂，包含影像在內，她的所有「角色publicity（增田註：伴隨知名度而來的顧客吸引力）還被消費在二次創作的環境用途上」。換言之，對於提供者而言不過是「附贈要素」而已，但對於消費者來說卻被當成了是二次消費的主要素。

增田聰還舉出了初音未來的「角色性」，被消費者大量消費的旁證。那就是大部分上傳自己的初音作品到NICONICO動畫的用戶，都「自稱為『某P』（製作人producer的簡寫）。他們不強調自己創作了音樂，反而把自己假設為『製作』了初音未來這個虛擬角色的人」，增田聰要大家注意這點。他認為，這其中展現的事實是「比起用『初音未來』這個軟體去創作『自己的作品』，大家在假設有了『初音未來』這個角色存在的前提下，想『讓她歌唱』的欲望，才是形成初音熱的原動力。」另外，如果讓筆者附帶舉例說明，尤其在初音熱的前期，可以發現用戶的回應及標籤中，出現了許多以「二次元的勝利」、「人類無用」、「神調教」（用來比喻調音如神）等用詞，來強烈肯定這種美若真人歌唱般的初音未來歌聲。

增田聰還指出，海外的VOCALOID產品在包裝上，並沒有印上虛擬角色的圖案。初音未來之所以能引爆初音熱，難道不是因為她正好吻合了東浩紀與伊藤剛所說的日本「宅文化」特有的欲望及接受型態[2]嗎？在他的論點裡，出現了本書一直討論的日本文化特殊性問題，我想很值得我們關注。

上述的增田聰論點極具說服力，但現在還沒解開的謎團是為何初音現象會以NICONICO這個場所為中心形成了風潮？當然，在開始發行初音未來的二〇〇七年八月底，NICONICO動畫的會員數已經在開站後短短幾個月內突破了兩百萬人。這股氣勢與熱勁，在某些網友中廣為人知。所以從當時的情況來看，初音熱會在NICONICO這個場所上爆開，似乎也很理所當然。

但我在這裡要做出以下假設：假如NICONICO動畫不存在，只出現了初音未來，那麼初音熱是否會出現在YouTube上呢？雖然說「歷史上沒有if」，但我認為假若如此，可能性其實很低。

初音現象與開放原始碼的共同點——合作與公有地

為什麼我會這麼認為？要討論這個問題，首先要把焦點擺在初音現象常被說成與「開放原始碼」[3]或「維基百科」[4]相似的事。

這並不僅限於初音未來，尤其在NICONICO動畫上，透過不特定多數的用戶相互合作，參與數位內容的製作過程；慢慢的，改善了數位內容（產物）的品質；於是製作出來的數位內容在用戶間被共享，也被當成了創作其他數位作品時的題材（二次創作的對象）。我們可以看到這種循環。那麼為什麼跟開放原始碼及維基百科相似呢？因為：

- 第一點在於合作的「組織型態」。
  亦即不同於既有的階層組織，以網絡型的組織型態來合作。
- 第二點在於透過合作所「創造出來的資源財性質」。
  亦即不同於既有的工業產品（硬體），具有「永遠可經由網絡來改善產物品質」的這種軟體性質。
- 第三點在於合作結果所產生的「財的所有權型態」。

亦即在參與者間，這份資源財是屬於共享的「公有地」。

在上述幾點上，擁有共同性[5]。

所以，NICONICO上的初音現象，因此被認為與開放原始碼及維基百科類似。而這項觀點之所以重要，是因為上述見到的開放原始碼式的現象，很少在YouTube等影片共享服務中出現。當然，並非YouTube上沒有發生過不特定多數用戶，針對同一項「原梗」（題材）來共同創作的例子。例如從前YouTube上，很受人矚目的就有一般用戶模仿「很多彈力球從山坡滾下」的CM跟「在可樂裡加曼陀珠搖一搖，就會噴出大量泡沫」的這種幽默式短劇，以這些作品當成原梗，上傳了許多模仿影片[6]。但這當中的共同創作過程，只是像「原梗↓大量模仿作品」一樣，停留在單次繁殖（從單一題材上，垂掛出一大堆衍生作品的情況）的程度上。相對的，初音現象卻像「原梗↓衍生作品（原梗）↓衍生作品↓……」般，某一個被衍生出來的作品，又變成了下一個衍生作品的原梗，而形成N次繁殖的連鎖特徵。因此與其說初音現象是種「二次創作」，不如稱它為「N次創作」[7]還比較合適。

時常有人把YouTube比擬為消費者自行產製內容的代表「CGM」，但其實YouTube根本只停留在「影片的公開場所」這種作用上。在YouTube上，完全看不到初音現象或維基百科般，由一般消費者「合作」製作影片，並且彼此將作品當成是「公有地」共享，進而衍生出N次繁殖作品的現象。

那為何在NICONICO動畫上卻會發生這種合作連鎖跟共享的過程呢？

第一個浮現腦海的答案是因為YouTube是美國的產物，而美國並不像日本這麼盛行同人文化。不過，這個答案雖然沒錯，卻無法充分回答我們在這裡想知道的問題。容我再次重申，YouTube早在NICONICO普及前，就已經有數百萬名日本人參觀過它的網站。若果如此，同人文化應該也會以YouTube為舞台大鳴大放。可是這點我也已經說過很多次，在現實情況裡並非如此。

初音現象與開放原始碼的差異——是否存在「客觀的」評價基準？

在此想要著眼的焦點並不是擺在NICONICO動畫上的初音現象與開放原始碼（或維基百科）間的共通處，而是擺在了某項差異上。這項差異如果依剛才整理的項目就是第二項，即與透過網絡合作所創作出來的「資訊財」特性有關。

什麼意思呢？開放原始碼的領袖雷蒙（Eric Steven Raymond，一九五七—，美國著名駭客）在其著作《大教堂與市集》（*The Cathedral and the Bazaar*）中，指出開放原始碼這項開發手法，最傑出的優點就在於能更具廣度且更有效率的去確保程式抓蟲的資源。雷蒙表示「如果想快速改善原始碼及有效除錯，那麼最簡單有效的方式，就是讓使用者來當共同開發者。」

反過頭來說，開放原始碼這項合作方式之所以能有效作用，是因為它具有「客觀」評價「電腦程式」這項產物的指標，也就是「要迅速正確的動作」這種簡明的評價標準。假如評價數位內容的基準很模糊，那麼就算不特定多數的使用者想參與品管，也一定會針對什麼才是「好品質」而產生出對立意見，結果反而無法合作。

相同的情形也可以套在維基百科上。在維基百科上生產的，是最看重內容「客觀性」的「百科全書」這種資料。而維基百科在關於資料客觀性（可信度）的判斷上，則依據「敘述的內容最終是否可連結到『可信的資料出處』」這種「形式」準則來判斷。

相對的，每天被上傳到NICONICO動畫上的音樂與影像這些「數位內容」（作品），又是什麼樣的情況呢？所謂的音樂與影像通常被歸類為「興趣類」。也就是說，與電腦程式及百科全書等「工具性」產物不同，那裡並沒有能「客觀」評價數位內容的外在基準，而到頭來只能仰賴「人人各異」的「主觀」評價。

當然，從歷史的角度來看，也有各種主張說「話不是這麼說，『美』也存在著『客觀』標準」或「機能可以確保『客觀』美感」等等。但至少在這裡，我希望從沒有任何一個美感基準，是能「適用於全人類歷史，並且客觀且具普遍性」的這種極通俗觀點，來進行討論。換言之，至今為止為了能儘量採取「客觀」的評價基準，大家一直依循著「權威」式的各種制度，但至少在網路合作的情形裡，這種方法論可說難以採用。

既然如此，在不容易「客觀」檢證與評價品質的「數位內容」上，開放原始碼式的合作開發型態應該難以如實作用的這種假設，應該也可以成立才對。

「類同期型」帶來了「客觀」評價基準

於是，接著就產生了下列疑問：為何在NICONICO動畫上，這種只能以「主觀」來判斷品質的「數位內容」，竟然會出現比美開放原始碼的蓬勃合作呢？

要回答這個問題，得先回頭來看一下前提（程式與百科全書是依憑客觀評價，而數位內容則仰賴主觀評價）才能了解。這個意思是其實在NICONICO動畫上，人們並不是七零八散的各憑自我「主觀」去評價數位內容，在用戶間應該共享了一套能稱得上「客觀」明確的評判基準。

而NICONICO動畫所提供的評判基準，之所以具有強烈的「客觀性」，我想是由上一章中討論的「類同期型」這種架構而來。NICONICO動畫採取直接在影片的介面上，播放觀眾留言的做法。例如在觀眾覺得特別好笑或讚賞的片段上，就會出現大量「ｗｗｗ」（笑聲）、「SUGEEE」（好厲害！）、「神！」或「gj」（幹得好！）等觀眾意見。換句話說，想知道哪種內容受歡迎或認同，只要播一下影片，然後看看上頭跑過的意見就能一目瞭然了。

從前我們對於自己以外的用戶是怎麼評價一份數位內容的這類資訊，向來只能從「小道消息網」或「評鑑網站」、「社會性標籤」等社群網站得知，不然就看其他人寫在部落格或2ch裡的資料。而在網路登場前，這類資訊主要是由雜誌或報紙提供。但上述媒體都是「非同期型」，我們怎樣也沒辦法從中獲得消費時的第一手（同期性）資訊。因為畢竟當時的媒體能提供的，只有演唱會、音樂會或現場比賽時，那種情緒沸騰的觀眾發出來的「歡聲」而已，沒法提供同期性的評價資訊。

可是針對這點，我們卻能直接的從NICONICO動畫上，好像聽得到活動現場歡聲般的，接收到他人的評價資訊。而且，NICONICO動畫呈現在媒體上的是「文字」而非「聲音」，所以觀眾就可以清楚「分辨」其他人在談論的是哪些點。因此，NICONICO動畫之所以能風靡大眾，其要因之一，恐怕就在於觀眾看到自己覺得「很棒」的作品時，並不會陷入「沒人知道『哪裡好』」的孤獨感中，反而能在第一時間馬上浸淫在別人也覺得「太讚了！」的讚嘆歡呼中，共享「共感情境」。我想，這種說明可能會讓有些人覺得，那根本就「不舒服」或「很吵」，大概也有很多人覺得那樣的評價在「針對內容所做的評判上」不具真實意義。但無論如何，我想在此指出的是NICONICO動畫這種獨有的介面方式，豈非把原本容易流為「主觀」的數位內容評價準則，往上提升到可稱為「客觀」的層級上嗎？我想它發揮了這種效用。

此外，還能證明NICONICO動畫上，擁有能「客觀」評價數位內容的例子，可以舉出當初常用初音未來製作的所謂「模仿系」作品。在網路上，其實除了初音未來外，也常有模仿作品造成轟動（最顯著的例子，就是kobaryu幾年前蔚為話題的〈VIP★STAR〉[8]）。為何模仿作品特別容易在網路上受歡迎呢？因為模仿作品具有「客觀」的評價基準，也就是說跟原本的東西像到什麼程度？因此這一類模仿流派才會特別容易在網路上受矚目跟關注。

另外還有一點，我想常被放在NICONICO動畫標籤與意見中的「國歌」這種表現，應該也是不錯的例子。其實我也不清楚這種形容方式到底是從什麼時候開始的，但在NICONICO動畫上，一開始播起〈鳥之詩〉[9]等特別受（NICONICO觀眾）歡迎的歌時，畫面上就會跑出一堆「國歌出現了！」、「把這當國歌！」的留言。不用多說，以「國歌」來比擬的這種表現方式，所隱含的蘊意就是「人盡皆知、理所當然」的「客觀性」。像〈「NICONICO動畫」組曲〉這首歌，就是把這些NICONICO動畫上，具有被稱為「國歌」般的高知名度、高人氣歌曲給混合的組曲。後來，這首歌也被當成了基礎題材，繁化出歌手、歌詞變形版與影片等各種衍生作品。

NICONICO動畫上的「有限客觀性」

如此這般，我們能說合作情形之所以容易出現在NICONICO動畫上，主要是因為透過了它的特有介面，用戶能明確的共享可稱為「客觀」的數位評價基準。

但這種「客觀性」的共享範圍，頂多只限定在NICONICO動畫的「內部」，這一點也很重要。從完全沉迷在NICONICO動畫內的用戶角度來看，在被稱為「神人」的歌手、調教師與職人的貢獻下，NICONICO動畫成為一個每天都誕生出傑出創作的社群。但對於外部使用者而言，常常就只能揶揄說，NICONICO動畫上的「每個作品都很像，實在不知道哪裡好玩」了。

當然，這種評價問題只能說是人人不同的「主觀」問題。不過，在此的重點是上述兩種看法都「正確」。因為在NICONICO動畫上所共享的數位內容評價基準，就僅限於緊密分享於這個社群內的意義而言（如果仿照美國科學家赫伯特．西蒙〔Herbert A. Simon，一九一六—二〇〇一〕的「有限理性」〔Bounded Rationality〕來說），其實具有可稱為「有限客觀性」（Bounded Objectivity）的性質[10]。

這是指對於社群內而言，似乎是普遍又客觀的基準，但從社群外來看卻完全無法理解。當然，這種「有限客觀性」問題並不只發生在NICONICO上。現今基於某種喜好而聚集起來的社群，常會面臨這樣的問題。而在價值觀多元發展的現代社會裡，擁有某項喜好這件事，如果以2ch式的情況來講，就是會被馬上貼上「信者」跟「XX廚」（因發音關係，在2ch裡被引申為盲目喜愛某些事情的人）的標籤。更甚者，還得無可奈何的跟來批判的「反對派」，陷入無止無盡的鬥爭中。而這種情況其實不只是資訊社會特有的問題，在人類社會裡，一直都藉由語言、民族、國家跟宗教等人工界線，畫下了「有限客觀」的（不管誰都能明確想像出這種明顯的界線「存在」）有效範圍。

但另一方面，資訊社會也就是將這種「有限客觀性」的有限範圍，以架構（資訊環境）來區分的社會。我想，至少我們能這麼定義。而在最近區畫得最成功的應該可以說就是NICONICO動畫吧！所以我們可以知道就是因為這樣，初音現象才會在NICONICO上繁花盛開。

《戀空》裡的「有限真實」

接下來，我想討論二〇〇七年時蔚為話題的手機小說《戀空》。因為在這部作品所引發的一連串討論中，很明顯出現了圍繞著資訊社會內涵所引發的「有限客觀性」問題。

由於這部作品創下了兩百多萬本的銷售量，而電影版也造成了轟動，因此許多人都想知道為什麼會形成這股熱潮。二〇〇八上半年度時，也陸續出版了《為什麼手機小說熱賣？》的相關書籍。其中大部分的人異口同聲指責的就是《戀空》的文章品質，與以往的小說及文學作品相比，實在是太過低下。這話怎麼說呢？來看一下常被2ch等網站引用的模式。

跟帥哥交往的女主角
↓遭被帥哥甩掉的前女友怨恨
↓前女友指示男性友人強暴女主角
↓被強暴（但沒懷孕）
↓與帥哥在圖書室內發生性關係
↓懷了帥哥的小孩，但被帥哥的前女友猛烈一撞而流產
↓馬上被甩掉了
↓立刻結交新男友
↓得知帥哥得了癌症
↓與男友分手，回到帥哥的身旁
↓與抗癌中理應瀕臨死亡的帥哥，在野外發生了性關係

↓帥哥去世
↓發現自己懷了精子應該早就被抗癌藥殺光的帥哥小孩
↓不管將來怎樣，先生了再說

以上的摘要，對於沒看過《戀空》的讀者而言，可能會覺得這故事的發展也實在太支離破碎了，但如果把故事中的幾個大「事件」拿出來看，的確就像上述那般。而這種強暴、懷孕、私奔、墮胎、自殺未遂與重病的事件，接二連三出現的情節，其實可以說是很多手機小說的一貫模式，而大眾也因此嘲笑手機小說的內容發展，實在是「短淺」而「單調」。

在以2ch系的新聞網站及亞馬遜讀者評鑑欄為主的地方，可以看見這類譏諷言論，好像要惹出「炎上」或「灌爆留言」般的出現。而針對這部作品的譏諷並不只嘲諷它的「內容」，主要是針對那些即便內容短淺、一直線到這種地步，還不停寫下「感動」、「流淚」等心得的《戀空》粉絲。

如果說這部作品的流通範圍只停留在手機小說網站《我的魔法島》裡，那麼外界應該不會知道它的存在，而它遇上那種嘲諷的機會大概也就會少很多吧！可是，喜歡這部作品的讀者卻在亞馬遜及電影回應網等線上「公開場合」裡，留下了大量「內心」感受，而這對想要「一起罵人取樂」、每天都要找樂子消遣的人而言，就成了絕佳的獵物"。

不過我們也看得到有些人並不譏笑手機小說，抱持著中立態度。一言以蔽之，這些人認為以《戀空》為首的手機小說，無論創作性有多愚劣，在裡頭肯定有某些特定類型的人才能體會的「真實」。例如IT觀察家佐佐木俊尚，就曾針對「真實」這個關鍵字，做出以下說明：

> 到底為什麼十幾歲的青少女喜歡看「援助交際」、「強暴」或「懷孕」的故事呢？我想，答案只有一個——她們從這些關鍵字裡感受到了「真實」。（中略）我在此所謂的「真實」，並不是實際上有沒有發生，而是在這個圈子的人會覺得「真的可能發生」。就這層意義而言，手機小說的讀者群從手機小說的元素裡，感受到了「真實」。
>
> ——佐佐木俊尚〈手機小說的社會媒體性〉，《CNET Japan》，二〇〇七年

在手機小說裡，描繪了僅通用於某些特定範圍的「真實」。而反過來說，一些原本能寫進「小說」中的「普遍性真實」，卻反而在手機小說裡被明顯忽略了。關於這點稍

後再來討論。眼前想請讀者注意的，是手機小說的「真實」究竟是由何而生呢？

比方說，《戀空》這部作品（似乎）是以「美嘉」這位主角的「回想日記」，為體裁寫下的，但作者的名字居然也叫「美嘉」。對於熟悉所謂「私小說」的讀者而言，這讓人有些驚訝。因為「私小說」這種體裁，是讀者以「出現在小說中的『我』、『吾』或『俺』，可能是作者以自己為模特兒寫成的」這種假設性前提來閱讀。但基本上，寫作時的前提是作者必須把自己與書中主角給切割開來。可是，《戀空》這部作者的名字就直接在書中娓娓道來的小說，卻會給讀者一種仿若讀著作者私人回憶筆記般的感受。

在這點上，《手機小說式》（ケータイ小說的。）的作者速水健朗，在他的部落格中指出「在成人眼裡一點都不真實的手機小說，之所以會被當成『真實』來看待，理由並不是因為別的，其實就像是字面意義般，是不是把它當成了『真實的故事』來看。」[12]也就是說，手機小說的「真實性」是成立在「以實際故事寫成的小說」這項前提上。

另外，在嘲笑《戀空》的言論裡，有些對於《戀空》這部作品「是不是真的發生過」存有疑問，並提出了其中的矛盾處。通常，大家不會去批評一部「小說」的內容「不可能是真的」。所以就這點而言我們應該能說，手機小說已經不算是「小說」了。

但若是如此，手機小說到底是什麼呢？剛才舉例的佐佐木俊尚在之前引用的文章中，提出下列觀點：「手機小說」已經不是以「小說」這種完成式的故事型態來被人接受，它應該是被當成了部落格或網路日記等「社會性媒體」（以本書的用語來說，就是「社會性網站」）——也就是被當成了在用戶「雙向」交流的過程中，所創造出來的UGC——來書寫及閱讀。因此應該可以把手機小說，當成是某個特定群體內的人所集結起來，織紡出的一段集「眾人智慧」之「真實」。

在了解了佐佐木俊尚這些觀點後，可以發現被描繪在手機小說中的真實，與筆者先前討論NICONICO動畫上的合作現象時，提出來的「有限客觀性」具有共通特質。幾乎所有手機小說的用戶（作者&讀者），在對內容的評價上都共享了可稱為「客觀」的清晰準則。所以，某一個時期的小說作品才會如眾人所講的，不管你打開哪一本，你所看到的情節發展都會像《戀空》那麼單一。可是這些評價基準完全不被手機小說用戶的外部所理解，所以這部作品才會被人在網路上「炎上」，大肆攻擊。——以上，就是筆者對《戀空》，甚至是所有「手機小說」的情況所做的整理。

遊戲式真實

為了更深入了解以上觀點，我想帶讀者來參考東浩紀寫的《遊戲式真實的誕生》（ゲーム的リアリズムの誕生）。雖然這本書是以小說遊戲與輕小說遊戲等特別針對阿宅來行銷的「故事性產物」為分析對象，沒提及「手機小說」，但在關於上述「有限真實」的探討上，卻提出了非常清晰的論點。

首先，這本書從東浩紀在其前一本著作《動物化的後現代》（動物化するポストモダン）中，進行的下述社會分析開始談起。在被稱為「後現代」的現代社會裡，人們早已無法相信「共同的價值觀」或「目標」（「偉大故事」的崩解）。因此，小說、電影、動畫或遊戲等各種「故事性產物」，已經不再能發揮表現社會全體可能共有的某種「真實」之「載體」作用，只是被當成了正確刺激消費者情感與感受（不管是阿宅的「好萌」、或手機小說迷的「感動」（淚腺）都好）的「小小故事」，零散的被個別消費。而東浩紀把這種情況稱為「動物化」。

他在分析了上述狀況後，在《遊戲式真實的誕生》中，進一步提出了幾項觀點。首先，他參考本書中也提過的北田曉大之「連結的社會性」概念指出，現今所有的作品與產物，其被消費的重點已經不在於包裝在書籍等「容器」的「內容」本身，而在於能否有效喚起人際「交流」（連結）的作用。當然，這種情況並不僅侷限於「輕小說」或「手機小說」。例如NICONICO動畫也是為了有效喚起這種「連結」而出現的架構，關於這點，我們之前已經確認過了。

東浩紀指出的另一點，是語言已經失去了「透明性」。他把這個問題跟「私小說」這項近代小說的形式串連在一起，說明如下：從前「私小說」中描繪的，雖然有可能是作者本身的故事，但基本上是一段誰也不知道的「我」的故事。而支撐著「私小說」閱讀行為的前提，正是以不修飾的方式「白描」般──依「自然主義的真實」（大塚英志）──寫下「我」（內面）與故事中描述的「世界」間的關係。東浩紀把這點描述為，語言這項相當於小說「畫具」的媒體，藉由「我手寫我口」的興起，被人認為是不含雜質的「透明」（柄谷行人）存在。也因此其中所書寫的內容具有無論誰看了都能產生共鳴的「普遍性真實」。

但到了後現代時代，這種語言的「透明感」卻消失了。輕小說或小說遊戲等作品，所描寫的是只能透過虛構才能描繪出的現實。而就這層意義而言，是所謂的「半透明」語言，東浩紀如此比擬。在這種情況下，後現代的「故事」與「文學」（也就是說，傳達何謂「真實」的媒體，與用來做為表現法的「真實性」）究竟會如何變化呢？這就是東浩紀在他書中申論的主題。

東浩紀在此處提出的是「遊戲性的真實」。簡單而言，就是在「打電動」的時候，大多數玩家都經驗到的「架構性」（像已經破關的遊戲，一定會再從頭打上幾次），從一開始其實就已經被「內建」在遊戲的故事中。詳細情節請參考其著作，在此讓我們把話題轉回到原來的手機小說上。

在後現代社會裡，不管是阿宅系產品或是手機小說，在失去了語言「透明性」的這點上是相同的。這意味著就算是以日常性語言來「白描」日常性的世界（其實「手機小說」正是以這種口語書寫的文章，但也因此）不管誰都感受不到「真實」。這種情況不只發生在手機小說上，對於擁有獨特語言的2ch及NICONICO動畫來講，其實也一樣。

在失去了這種語言「透明性」的情況下，光靠語彙已經無法傳達出任何「真實」。所以「手機小說」只被當成了是「基於實際故事所寫的小說」（借用東浩紀的「半透明」字彙來表現的話，便是「半真實」）來書寫及閱讀。而這，便是上述議論的總結。

被手機操控的故事

經過了上述考察，到這一步我們已經確認過經由「手機小說」感受到的「真實」，「僅限於」一部分讀者，在「基於真實故事寫成的小說（半真實故事）」的形態設定下所成立。

但光僅如此，我們還是不清楚棲宿在手機小說裡的「有限真實」，內容到底是怎麼一回事？而我們也不過是從其存在的「外部」來觀察分析，然後為它找出一個適當的定位。

所以，筆者在此想潛入《戀空》這部作品的「內部」去分析它的內容。不過，雖然說是「內容」，我的著眼點並不是放在「故事」的水準上，而是擺在故事裡出場的「媒體」層次上。

因為只要讀過這部作品都會注意到在《戀空》裡，出場人物的行動跟心理變化上，「手機（PHS）」占了非常關鍵的角色。在《戀空》裡的出場人物，透過手機來遇見戀人、分離、受傷、與好友決裂、認識新朋友、接納重要的人死去的事實。以下就來深入探討，我想透過分析內容這種手法，圍繞著「手機」這項架構（資訊環境）的使用者素養與行動等特有情形，也會一一浮現。

首先，《戀空》跟所謂的「近代小說」與「文學」的關鍵差異，可以從下列場景裡略窺一二。

在這場場景中，以《戀空》作者（主角）美嘉與男朋友阿弘分手後，被一位同學謾罵開始[13]。

「你那什麼態度呀！我都知道啦！你拿掉了弘樹的小孩吧?!」

小雅的聲音響徹了教室。

「呃……為什麼……」

小雅的臉熾紅得更厲害，氣得發抖的繼續嚷嚷。

「弘樹都已經跟我說了！拿小孩的人最爛了！要是我的話一定會生下來的，你這是殺人耶！」

「你聽我說……」

「我剛都聽說了，你不是又交了新的男朋友？炮得很爽吧？你還真喜歡男生耶！」

沒辦法去看小泉她們是什麼表情。旁邊的視線，好痛。

被小雅這樣罵過後，美嘉震慄得跑出了學校。她開始對於自己「墮胎」的這件過去，一個人自問自答了起來。

墮胎是殺人嗎？

做這件事，

一定會付出很大的代價。

雖然也有人毫無理由就做了。

可是啊，對那些想生卻流掉的人……

被爸媽反對的人。

男朋友不贊成的人……

被強暴懷孕的人。

有很多種情況呀！

大家都很痛苦啊！

並不是因為討厭自己的小孩，所以才殺了他的。

上述這段描寫美嘉因為墮胎而難過的場景，在《戀空》裡算是比較「人性」且具有「內心性」的描述。直接來說，這一連串對於自己所犯下的過錯，回顧「內心」反省、懊惱的場面，可以說很接近所謂的「近代小說」或「文學」的典型作法。但這場煩悶馬上就被打斷了。理由並不是別的，就是手機。

♪鈴鈴鈴鈴鈴♪

陷入了沉思中的美嘉，收到了一通簡訊。

是當中唯一知道她懷孕的亞矢傳來。

《站前卡拉ＯＫ集合》

站前的卡拉ＯＫ……？

美嘉整頓思緒，趕往簡訊裡說的站前卡拉ＯＫ。

光靠「卡拉ＯＫ集合」這樣一通簡訊，就可以讓主角拋開墮胎的懊惱，筆直前往卡拉ＯＫ。這一場場景，可說是完全靠手機「♪鈴鈴鈴鈴鈴♪」的存在，來強制性終結掉「內心」懊惱這種近代小說氛圍的關鍵瞬間。

這場場景，恐怕就是能否從《戀空》中感受到「真實」的莫大分歧。究竟會覺得美嘉這麼毫不猶豫的跑去卡拉ＯＫ是很「自然」，還是會想要吐嘈她「喂喂喂，不會吧！你剛還那麼煩惱耶！」我想，至少對於覺得《戀空》只描寫了「有限真實」的讀者而言應該是後者吧！

再來看一下其他例子。在《戀空》裡的「內心」性與「精神」性的苦惱，也是藉由「手機」來操作。美嘉因為受不了阿弘前女友一直傳來「去死去死去死」這種可怕簡訊，結果精神耗弱得胃痛住院，甚至還割腕[14]。但是這一連串過程，在書中只用了幾頁來描寫。而且最終的解決方法，竟然還是靠「換手機」（書中沒說，不過應該是連號碼也換掉了吧！）來解決。如果這段過程是發生在「近代小說」或「文學」裡，那麼作者應該會耗心竭思來描寫從患病到回復的「內心」轉折吧！

打斷內心世界的手機

在《戀空》裡，由於藉由手機存在來打斷登場人物的「內心世界」，展開「脊髓反射」式的行動；所以不少讀者無法從這個故事裡領略到「真實」，感覺這個故事「很假」——經由上述整理，讀者應該可以再度了解，為何會說《戀空》只描寫了「有限真實」，又為什麼會說它與近代小說不同了。

就像之前提過的，手機小說因為勾勒了「援助交際」、「強暴」、「割腕」等「非日常」事件（甚至還可以說，已經有點太「典型」），因此被評為侷限在「有限真實」上。可是只要稍微想一下就會覺得這很奇怪。畢竟在作品裡描述了大部分社會上的人會覺得「非日常性」的事件，我們就可以說它很「不真實」嗎？當然不是。不消多說，古今東西的文學作品裡，勾畫了變態犯罪或性愛的簡直是多如繁星，但我們並不會隨便說那些作品很「不真實」（雖然有些會被鄙為「無聊」）。

那麼，為何我們卻（變得）可以接受近代小說或文學裡的「有限真實」，也就是「『普遍』真實」呢？因為當我們在閱讀小說時，通常關心的不是故事裡有沒有（好像會發生在）「日常」中的事件，而是包括了主角在內的人物，他們在面對各種情況時會陷入怎樣的「內心」情緒——諸如苦惱、絕望、克服等。也就是說，我們判斷「普遍真實」的基準，是在於能否讓我們覺得「如果自己也置身於那種狀況，『我』應該也會有相同的情緒吧！」換言之，就是不在於故事裡的「客觀」事件，而在於我們「主觀」的情感移轉上。不，如果讓我用其他話來補充，應該是說把原本不可能共享的「內心」轉折，操作得好像能「客觀」共享般，而這種做法可以說正是近代小說與文學的「規則」。

當然，上述這種說法並非理解小說的唯一方式，也不能擔保小說這種表現的「普遍性」，甚至，向來有許多疑問懷疑上述「前提」或「規則」是否存在。這些議論多不可數，我很清楚，但在這裡我不打算進入所謂的文學領域中。我在此想確認的，是假使依照上述「規則」來閱讀《戀空》，那麼當中所存在的，看來的確就僅止於「有限真實」的描述了。

因為，在《戀空》這部作品中，所有登場人物的「內心世界」(「自己對自己說話、思考、質問等情緒」)，不管在哪裡，永遠都會被♪鈴鈴鈴鈴♪的這種手機存在給打斷。因此，當我們說《戀空》是「有限真實」時，並不能只是單純的把問題還原到作者的文章或文體很幼稚、或情節發展支離破碎的這些表面問題上。這點，在此有必要再次確認。

不管如何，在《戀空》裡出場的人物，因為常對突然響起的手機鈴聲，發生「脊髓反射」式的反應，所以他們失去了所謂的「內心性」。而這種觀點在分析九〇年代後的媒體環境，尤其是年輕人的手機溝通行為時，時常被指出。人們常說年輕人一整天都在玩手機，每天停也不停的互傳個幾十通簡訊。而手機的溝通裡毫無「內容」，只不過是要確認彼此連繫的這種「consummatory」（自我發洩、滿足）行為。很明顯的，這種行為是淪落到「脊髓反射」式的「彼此舔毛」一樣。有時靈長類研究者把這形容為《拿著手機的猴子》（ケータイを持ったサル，正高信男），有時候也被以社會學方法較為抽象的分析為「連結的社會性」。

但我認為，我們有必要留心「脊髓反射」這個字眼。因為這個字很容易給人一種《戀空》裡的出場人物，全都不做任何「判斷」或「選擇」，只會在無意識間「操作」手機（或說被手機操作）的印象。要小心的是這只是從「某一面」來做的解讀。如果以筆者喜歡的方式來說，我認為當中要加進「客觀看來」這種保留性的字眼。也就是說，雖然他／她必須透過許多手機使用，「主觀」的在瞬間做出許多「選擇」與「判斷」，但從「客觀」上來看，似乎「什麼也沒想」。可是只要再深入些的去研究這部作品裡關於

「手機」的描繪，就會讀出這點來。

簡訊與拇指郵件的差異——透過手機做出的選擇與判斷

這是什麼意思？讓我們再次回到《戀空》的內容分析上。圍繞著手機的一連串選擇與判斷，就從男女主角兩人相遇的段落開始。

「啊！肚子超餓的啦！♪♪」這句現在已經變得很有名的台詞，揭開了故事的序幕。在第一個場景中，當美嘉跟其他女同學在吃便當時，「阿望」這個男孩子出現了。他劈頭就說「跟我做朋友嘛！來交換電話吧！」一副很熟的樣子跟美嘉她們搭訕。可是，這個男生可是學校出了名的花心大王，所以美嘉警戒的決定不予理會。誰會想到美嘉的朋友亞矢突然熱絡的跟阿望聊起天來，而且還交換了電話號碼。美嘉形容這真是「難以置信」。

之後，放學後的美嘉在家裡懶洋洋打發時間時，進來了一通「沒登錄（在電話簿裡）的不知道是誰打來」的電話。美嘉心想「是誰呀？沒看過這個沒登錄的號碼……」，但為了「知道對方是誰」所以還是接了。結果，居然是阿望。竟然是亞矢自做主張的把號碼告訴了阿望！阿望先道歉說突然打電話來很不好意思，之後馬上又纏著美嘉「跟我做朋友啦！」美嘉當然很困惑，也討厭自己的朋友亞矢這麼做。但她掛斷了手機後，還是「總之」先把阿望的電話給登錄到電話簿裡。

——開個玩笑，讀到這一段的讀者裡，應該有人會猜「美嘉」跟「阿望」之後會在一起吧？的確，至此為止的發展如果以少女漫畫的王道模式來說，可能會讓人聯想到「一開始以為輕浮粗魯的男孩子，其實也有好的一面……」這種故事鋪陳。

但《戀空》在這裡卻突然發展到意外的方向。之後，阿望也打了很多電話跟簡訊給美嘉，可是內容永遠一樣無聊：「還好嗎？」「你現在在幹麼？」之類的。美嘉慢慢覺得煩了，不理他，也儘量避著他。書中在這幾個段落，伴隨了下面關於PHS的詳細說明[15]。

從阿望第一次打電話來的那天起，
他幾乎每天都會打電話或傳訊來。
那時候很少有人有「手機」，
大家拿的都是「PHS」。

而「PHS」有簡訊跟拇指郵件兩種，
簡訊是能傳十五個片假名的機能，
而拇指郵件則像今天手機一樣，能傳很長的內容。
如果不是什麼重要的事，就不會用拇指郵件，
只用簡訊。

阿望傳來簡訊一直都一樣。
「還好嗎？」
「你現在在幹麼？」
一定是這兩種。
美嘉開始覺得回信很麻煩，
所以就漸漸不回，
後來連電話也不接了。

這一段關於「簡訊」在字數限制上的說明，由於少了一些必要的連接詞，其實讀來

可能有點「突兀」或「不自然」。為何要在被歸類為戀愛小說的《戀空》中，夾雜著關於手機機能的說明呢？讀者可能不禁這麼想。

而且，在上述引用的文章後，馬上就接了一段文字來解釋美嘉要避開阿望的另一個理由。那是因為在一開始很積極跟阿望熟絡的亞矢，在背後說美嘉是「會若無其事搶走好友男朋友的人」。既然如此，故事中只要用「不想背叛朋友」的理由，來說明美嘉要避開阿望的原因，那在故事的描述上不是就足夠了嗎？——關於這點，之後會馬上揭曉，但筆者在此想關注的是對手機描述的這種「詳細」與「過度」。

回到故事的發展。就在美嘉這麼避了阿望一段時間後，學校開始放暑假了。某天，美嘉正跟朋友真奈美在自己的房間裡，這次，突然有通不曉得是「誰家的家用電話」打過來的來電。美嘉覺得「算了……不知道的號碼很討厭！」就打算把電話給切掉。可是在一旁的真奈美卻搶走美嘉的PHS，接了起來。

結果，居然是喝得醉醺醺、情緒高漲的阿望。美嘉覺得「咦！」嚇了一跳，可是阿望馬上說「我電話被停掉了啦！真是的！我現在從弘樹這傢伙的家裡打唷！很聰明吧！我現在把電話拿給弘樹！」至此，美嘉後來的男友「阿弘」總算登場了，結果是下列這種「相遇」。

「我是阿望的朋友櫻井弘樹，那個人現在醉得很嚴重，不好意思。」

是個完全不同於阿望的沉穩聲音。

「沒關係啦……你說你叫弘樹？用你家的電話打沒關係嗎？」

聽到美嘉這麼問，弘樹在另一頭笑了，說：

「你叫我阿弘就好了！你電話幾號？我打過去。」

於是，兩人就交換了號碼。這就是她與阿弘的初遇。

接著，兩人就在還沒直接碰過面的情況下，開始了電話這種聲音與聲音的「來往」。美嘉發現「雖然沒跟阿弘見過面，但兩人好合」，於是每天只要有空，就在電話上逐漸熟稔。

——以上關於美嘉跟阿弘相遇為止的篇幅，在書中只占了短短的十幾頁，可是在這當中其實出現了各種關於手機的描述。例如，到底是不是登錄到電話簿裡的號碼、有沒有登錄到電話簿、是簡訊還是電話、是簡訊還是拇指郵件。而在看過了關於手機操作的這些描述後，為什麼作者會在前面的部分提起「簡訊」字數限制的事，其實就很清楚了。

這話怎麼說呢？因為阿望的簡訊一定是「還好嗎？」」、「你現在在幹麼？」」這種「簡單」問候，為什麼呢？直截了當來說，是因為「簡訊」有「十五個字」的字數限制。也就是「簡訊」在「物理上」（以本書的表現手法而言，就是在「架構」的性質上）只能傳那麼「簡單」的內容。可是，同一段落也說明了當時的PHS還有另一種能傳更多字的「拇指郵件」。而當時也有用拇指郵件傳「重要內容」的習慣。

既然如此，阿望應該也可以傳不是這麼「簡單」的「重要」郵件給美嘉。可是他卻只會傳千篇一律的簡訊。亦即從美嘉的角度來看，阿望可以說是「選擇」了「明明有其他選項，但卻不選擇」的這種選項。

相反的，偶然間在電話上認識的阿弘，卻擁有不同於阿望的沉穩聲音，跟自己也興趣相投。至少跟只會傳「還好嗎？」這種簡訊的阿望比起來，阿弘相對而言比較能聊有「內容」的話。在這種情況下比起見過「面」的阿望，沒見過「面」的阿弘跟自己比較「談得來」，於是美嘉做出了這種選擇。在此，若以社會學的說法來說，阿弘當初對於美嘉而言，是以「親密的陌生人」（不認識卻感到親密的他人）這種姿態出現。

只要如此讀過開頭十幾頁裡關於「手機」的操作，就會浮現美嘉這個主角，在背後透過手機來選擇與判斷的事實。至少，我們能從上述段落中了解到《戀空》的起頭，並不是從美嘉單純「脊髓反射」式的愛上「帥哥」阿弘來展開。

另外，在《戀空》中到處都可以看到這種圍繞著手機的「選擇」跟「判斷」。比方說，來電是不是「隱藏號碼」、阿弘是不是「馬上」回信等[16]。通常這些描述都只有一行的簡潔程度，所以若飛快看過，完全不會注意到這些「極細微」的敘述。可是如果深讀，就會發現這些勾勒其實都是「精心」（如果可以形容為「規矩」，更適合）安排過的。

換句話說，《戀空》這部作品可以看成是故事人物在使用手機的當下，是如何「選擇」與「判斷」的這種「使用記錄」之集結。而讀者便藉由追蹤這些「使用記錄」，來「實際」感受在不同情境裡登場的人物們的心情與行動，不是嗎？這是筆者的拙見。

讀出《戀空》的字裡行間

另外，在關於手機「使用記錄」的描述上，並不只是頻繁的以一行左右的文字來帶過，有時也會基於效率而直接捨去。接著，就來舉其中一例。

暑假過後，在電話上跟阿弘愈來愈熟的美嘉，在學校裡遇見了阿弘。不過，兩個人並沒有馬上開始交往。美嘉雖然愈來愈喜歡阿弘，可是同時也從阿望那裡聽說「阿弘有女朋友」的消息。於是美嘉對於阿弘開始不太信任（所以，她也就開始不管阿弘傳來的簡訊）。

後來，美嘉跑去找好友亞矢跟由果商量，當場決定「問阿弘是不是認真打算跟女朋友分手，沒有的話，就放棄他」的方針。

於是，美嘉便在亞矢跟由果的陪伴下傳了封簡訊給阿弘，內容寫著「你打算跟女朋友分手嗎？」、「沒的話就別見面了」。而阿弘對此的回答如下：

♪鈴鈴鈴鈴鈴♪

簡訊送出還不到一分鐘，

阿弘已經回信，而且只有一句話。

「已經分了」

「太棒了！美嘉♪」

亞矢看到後好像是自己的事一樣，

高興得活蹦亂跳。

這一段話看來平淡無奇，讓人覺得又是在描寫手機帶來的「脊髓反射」。可是，筆者認為我們應該要好好讀進《戀空》特有的「字裡行間」。對於阿弘馬上傳回來的「已經分了」的簡訊，第一個「反應」的人居然不是送出簡訊的當事人美嘉，而是在她旁邊的好友亞矢。照理來說這是「不可能」的事。因為手機畫面通常小到只有本人才看得到，是所謂的「私人」媒體。也就是說，第一個對阿弘回信有反應的，應該是送出簡訊的美嘉，但在這裡卻是由好友亞矢來表現出「脊髓反射」的動作。因此，在這段「已經分了」→（字裡行間）→「太棒了！美嘉♪」的文章間，省略了上述這部分描寫。

接下來，雖然亞矢她們都「好像自己的事一樣」替美嘉開心，但當事人美嘉卻煩惱起下面這個問題。

喜歡的人跟他女朋友分手了，我應該高興才對呀……為什麼呢？

老實說並不開心。因為，我覺得他還在說謊。

心裡還有一點不安。還不算百分之一百……相信他。

從筆者的觀點來看，這一連串敘述，是把美嘉「想信任阿弘，但心裡還沒辦法相信」的不確定感，不以直接描寫「心理」動搖來表現，而從夾帶了幾個人對回信的「反應」落差來勾勒，其實表達得很傳神。

通常，關於《戀空》這部作品的文體，常被形容為是「一大堆口語短文快速到嚇人的唰唰進行」等。這種文體特徵，成了某一派否定作品「亂七八糟」的嘲諷依據，但也成為另一派肯定是「新網路／手機時代文體（我手寫我口）之誕生」的慶賀由來。但不管哪一種，這部作品在某些地方，都被認為不存在任何「字裡行間」般的纖細表現。

可是在經過了上述那樣的考證後，我們不是能說，這種觀點只是「表面」解讀而已嗎？當注意力放在對手機於「使用記錄」的描寫時來讀這部作品，就會看到奠基在「手機」存在上，四處星陳的「字裡行間」了。

使用記錄式的真實

透過至此為止對於《戀空》的內容分析，讀者應該已經清楚發現，在這部作品中積累了許多關於「手機」、「使用記錄」的描述。

也許有讀者覺得，這麼著重於「使用記錄」的理解方式，也許太過於「過度解讀」了。對於這點，我並不打算否認。而且搞不好去問《戀空》的讀者「你在閱讀時，如果把焦點放在手機的使用記錄上，你會感受到真實嗎？」讀者可能會說「沒什麼感覺呀！」或頂多說「這麼說的話，也是有可能啦！」為什麼呢？因為記述在書中的「使用記錄」，對他／她而言，是平常生活裡（下意識間）就不停判斷選擇的一部分，所以他／她當然不會特別覺得「自然」或「不自然」了。

另外，我想可能也有讀者覺得，上述的分析不是跟之前所說「手機剝奪了人內心世界」的觀察自相矛盾了嗎？

不過，我在這裡的重點並不是想把存在於《戀空》裡的這些極細微「判斷」與「選擇」，拿來證明《戀空》的出場人物也有（如同近代文學描繪的）「內心性」。

假如這部小說真的以「文學性」或「內心性」手法，來處理手機的相關描繪，那麼應該可以看見下面這樣的描述：「為什麼我被手機給左右成這樣，一直在苦惱呢？再這麼下去怎麼會幸福呢？對，我要拋開這東西，直接跟阿弘面對面。不，這麼一來……」這些「糾葛」應該會出現。但很可惜的，這部作品中對於手機的描述，毫無任何「稍微脫離一下」的所謂「刻意性使用記錄」的描寫。反而是徹頭徹底的呈現了手機如何被使用的「一次性」描述。就這層意義而言，這部作品的確沒用心去處理「內心性」反省」的部分。

另一方面我所提出的，是《戀空》這部作品，可以被當成是手機「使用記錄」的龐大集結來加以閱讀。依循著使用記錄一路讀下來，會發現這部作品裡「客觀」看來（就是從「第三者」（讀者）的眼中，或從觀察猴子生態般的「觀察者」眼中）好像是「脊髓反應」到極點的這些出場人物之行為，其實從「主觀」上來看，卻是由一連串纖細而妥善的「選擇」與「判斷」，所做出的決定。

至少，只要考慮被稱為「手機世代」的習慣與素養，那麼這部作品中所出現的關於手機使用、選擇、判斷與反應的描述，並沒有那麼支離破碎。也就是說，姑且不管作品中的「強暴」、「墮胎」這些「故事」層次的水準如何，但這部作品在使用手機的「素養」層面上，豈非提供了某種「真實」嗎？

讓我們把以上的討論來做個總結。《戀空》這部作品中並沒有描繪「內心性」的這種「深度」，但卻表現了關於「使用記錄」的這類「細膩度」。先前提過東浩紀的《遊戲式真實的誕生》，如果東施效顰也許可以稱《戀空》為「使用記錄式的真實」。而這種真實並不是直接白描內心裡的風景（「自然主義的真實」），也不是把玩遊戲的經驗結構給置入故事中，以達成情感上的轉移（「遊戲性的真實」）。這種真實是透過了不厭其煩的描繪人物使用手機時，如何接觸、使用、判斷與選擇的「使用記錄」，來勾勒與呈現。

《戀空》的「號接選擇」與Twitter的「選擇性同期」

只要依循著某些特定的「素養」，來解碼《戀空》中詳細描述的「使用記錄」，就能讀取裡頭層層疊疊的微細篩選，這是我剛才的主張。那麼接下來讓我們更深入的來了解，上頭所指的「素養」是些什麼？

在進行這個討論時，頗有助益的參考意見，是社會學家松田美佐在九〇年代所進行的一連串分析。當時她注意到了在使用手機的年輕人間，開始流行起一種稱為「號接選擇」的習慣。現在這個字眼幾乎沒人使用，但這個年輕人的字眼，指的是「先看手機上的來電號碼後，再選擇要不要聽」的行為；也就是意味著「接手機前，先確認是誰打來的」。

這個行為對於現在任何一個人而言都很理所當然，究竟哪一點（曾經）算「新」呢？松田對於「號接選擇」的特徵，做了如下說明：

年輕人會先確認打這個「號碼」來的人是誰，然後再決定要不要接。如果是現在不想講話的人，或是不認識的人，時常就不接電話。就算接了，也會先確認是誰，做好「心理準備」。電話是種撥號者可以視自己喜好來開始的溝通方式，可是對於受話者而言，在接通前並不知道對方是誰。而電話的這種「暴力性」，也形成了「討厭電話」的原因之一，但手機上的這個性質被減弱了。

——松田美佐，〈年輕人的朋友關係與手機使用——從關係薄弱化論到選擇性關係論〉，《社會資訊學研究》第四集，二〇〇〇年

這裡使用了電話的「暴力性」這種強烈表現，在從前，室內電話在「突然響起，然

後也不知道是誰打來的，就被要求要接聽」的這點上，意謂著非常「暴力」的媒體。

相對的，手機的「來電顯示機能」，讓人能在接電話前先「判斷」對方是誰，然後再「選擇」要不要跟對方講話。打比方來說，能顯示對方號碼跟名字的手機「液晶螢幕」，就好像是對從前會「暴力性」響起的來電，所做的一種「緩衝劑」或「壁壘」般的作用。

這個觀察很有趣的一點，是跟一般人對手機這種媒體所抱持的印象有點不同。大家都知道手機在行動媒體的特性上，最大的特點可說是「隨時都能聯繫」，可是從以上的習慣來看，手機卻具有「受話者能選擇要跟誰通話」的功能，也就是說可以當成是「人際關係的選擇裝置」。

這種關於「號接選擇」的使用記錄，在剛才所見的《戀空》章節裡，也被頻繁記載。例如，阿望單方面對於美嘉進行來電攻擊的一連串描述，就可以說是這種「號接選擇」的大呈現。

一開始，美嘉突然接到了沒交換過電話的阿望來電，於是先把他的號碼給登錄起來。接著，美嘉慢慢覺得阿望「很煩」，開始忽視他的電話跟簡訊。於是阿望從家用電話（也就是沒登錄在美嘉手機上的號碼）撥打，總算跟美嘉通上話——上述這一連串過程，宛如是藉由手機顯示的「壁壘」，來進行抵擋通話跟想盡辦法突破對方抵擋的雙方「攻防」。

在這裡雖然有點突然，但我想這種「號接選擇」，跟上一章分析過的Twitter，不是能拿來並列比較嗎？

先前我已經把Twitter做了如下定義：基本上，Twitter是種把「非同期」進行的自言自語行為，藉由每位用戶的自主「選擇」，來暫時性／局部性轉換為「同期型」交流的工具。而相對的，手機的「號接選擇」則意謂了受話方可以把至今為止單方面撥來的電話，加以「篩選」。所以Twitter的「選擇性同期」跟手機的「號接選擇」，在「可篩選的同期型交流」特性上，可說是具有共通點。

為什麼要在這裡指出這兩者的共通點呢？因為至今為止，大家都認為Twitter等Web 2.0服務，跟「手機類服務」之間存在著很遙遠的距離。但就像上一章也談到，如今的社群網站對於「同期型」溝通的需求愈來愈強，而這兩者間的距離也因此愈趨短近。

在「iPhone」於日本發行的二〇〇八年，搭載了機能不劣於電腦瀏覽器與螢幕解析度機能的「智慧型手機」，已經把手機特有的線上文化給「提升」到了電腦等級。或者，我們也能說是單純的被「置換」為電腦式的線上文化。不容否認的，受到這種技術驅動的要素影響，日本隔離的手機文化圈，今後可能會逐漸產生轉變。不過，筆者在此想提出的，是這兩種文化圈所特有的應用方式，今後將會「漸次融合」的可能性。

就像在本書中一路看到，架構的進化，與其說是因為突然誕生了新技術而受到推進，其實往往都是因為在架構中「埋入」了既有的應用，而孕育出進化。既然如此，今後日本難道不會發生電腦與手機這兩種生態系的應用方式，因為「異類混合」而誕生出新的社群網絡嗎？這是筆者的拙見。

電腦派文化圈與手機派文化圈的隔閡

話雖如此，但手機的「號接選擇」與Twitter的「選擇性同期」間，當然存在了很大的差異。那就是，會不會被「第三者」（也就是沒被登錄在電話簿〔朋友名單〕中的「誰」）看到。

就是這一點，讓人覺得手機與電腦無論是在用戶群或應用方式上，都存在著「天壞之別」。這指的是手機與電腦相比下，螢幕畫面極小，而且透過其介面所進行的，主要是像電話或手機簡訊般，介於「我」與「你」之間的「私人」（私密）溝通。因此，大家極少在手機上進行部落格或BBS上常有的、與不知名第三者的交流。打個比方來說，比起對第三者發送資訊所產生的「傳播」（或「出版」）性質，手機更具有強烈的屬於特定兩者間之「通信」（或「寫信」）性質。因此，在利用手機交流時，很難產生被陌生的第三者觀看／針對陌生第三者傳送的感覺，亦即很難產生「公開」表現的活動意識。

——時常我們抱持著這種「電腦／手機」派的媒體觀或應用素養觀[18]。而更進一步的，這種觀點也時常被伴隨著經濟統計資料，主張為「手機的使用者比電腦使用者『層次低』」。

例如本田透的《為什麼手機小說熱賣》（なぜケータイ小説は売れるのか）中，就可以看出這種電腦／手機公式。在那本書中，本田質疑為何俯瞰二〇〇〇年代的日本線上環境時，會是在手機這項媒體、而非電腦上，出現了大量「手機小說」這種自主創作型故事。針對這項疑問，本田的回答是「因為手機使用者的後設意識較低。」

他的意思是說電腦派的線上使用者（特別是本田舉例說明的「2ch民」），比起手機派使用者，具有較高的「吐嘈」力。也就是說，把螢幕畫面後的對象「相對化，從較高的視點往下『觀察』的能力」較高。因此對於擁有後設意識的電腦派使用者而言，他們會想「吐嘈」手機小說這種老派的故事。而只要故事不是屬於《電車男》這種已經把「吐嘈」行為給內化了的作品，電腦派使用者就無法把情感轉移到故事中。也因為電腦派的網路使用者擁有較高的「吐嘈」力，因此沒辦法去享受手機小說這麼單純的故事。相反的，手機派使用者卻因為能力低，所以能盡情沉醉於單純的故事之中──這就是本田的解釋。

本田的說法，與本章關於「數位內容的生態系」所做的說明很一致。在是否擁有「旁觀性」意識上，日本的手機派使用者與電腦派使用者間，橫隔著非常大的差異。因此，尤其是在二〇〇〇年代後期，日本一方面以電腦派為中心誕生出NICONICO動畫，另一方面，則出現了手機小說，各自創造出迥然不同的生態系。一邊是有NICONICO動畫這種從畫面「這側」的後設角度，對「另一側」的對象「吐嘈」，完全就是一種把電腦的生態文化給直截呈現出來的架構。而另一邊的手機小說，則呈現了登場人物沒有「反省／後設」的內心性，完全被手機給控制的故事。這種論點，我想應該可說是非常清楚明瞭吧！

如何讀取使用記錄式的真實——理解「數位內容的生態系」

在對上述觀點的簡明感到認同之餘，筆者還是想指出下面這點。的確，手機小說沒有描繪「後設意識」或「內心性」，但至少《戀空》這部作品，就勾勒了「使用記錄」的「細膩性」而言，絕非簡淺或單調的作品。

本田也說他跟大多數的電腦派使用者一樣，完全無法從《戀空》中感受到「真實」。而大部分的電腦派使用者，也是基於《戀空》不「真實」，而嘲笑手機小說跟其讀者，「吐嘈」故事之支離破碎。因為手機派使用者居然會享受強暴跟援助交際這種無聊的故事，簡直就是「白癡至極」，而這就是電腦派使用者的態度。

但在筆者眼裡，嘲笑手機小說的人也很單純淺稚。因為，《戀空》明明就刻畫了在手機這麼「小小的顯示畫面」上，所發生的「號接選擇」等細膩篩選歷程，可是電腦派使用者還是只看得到故事層面的水準，一味譏諷。這裡頭難道不是顯現出，電腦派使用者對於不同於自己文化的「文化圈」（生態系）裡，應該也會有相應的「複雜度」，顯得不夠敏銳嗎？這是筆者的看法。

從今而後，我們在多元複雜的社群網絡生態系上，應該會看到NICONICO動畫或手機小說般，由「有限客觀」或「有限真實」來支撐的其他「數位內容的生態系」吧！而大眾如果不是鬧哄哄的嘲笑其他生態系，應該就是採取「別人也有別人的真實」這種中立態度；又或者，會畫條「這裡跟那邊是不同的文化圈，那邊很舊」的界線。而假使如同東浩紀所說的，現代社會已經失去了「偉大故事」，那麼我們一定會發現四處存在著「小小故事」『有限真實」。然後，我們對於其紛呈的狀態，就可以從後設（俯瞰）的角度，不停的喋喋不休嘮嘮叨叨吧！但那種後設意識在失去了「偉大故事」的平台下，肯定無法邁向閉合，最終只能不停空轉。

對此，筆者想提出的解決選項，是深入其他文化圈與數位內容的內側，從那裡頭所積存的「使用記錄」中，「逆向」的把讓人覺得「真實」的「文化」給讀取進來。通常，「文化」的存在可以順利幫我們解讀出（decoding）「使用記錄」。而在這點上，筆者想提出的是從反方向，也就是從「使用記錄」來解讀「文化」。我想稱此為「使用記錄式真實」的讀取作業——不是「讀取」（reading），而是「載入」（loading）。今後數位內容的生態系將會益趨擴大，而當其複雜度也隨之增加時，我們為了要理解它的豐富性與多樣性，上述方法豈非很有效嗎？這是筆者的看法。

1 增田聰，〈資料庫、盜版與初音未來〉，收錄於東浩紀、北田曉大編著《思想地圖》（思想地図），NHK出版，二〇〇八。

2 關於日本宅文化中特有的欲望與接收型態（「萌」），主要參考以下資料：東浩紀，《動物化的後現代》，講談社現代新書，二〇〇一年。伊藤剛，《手塚已死》（テヅカ・イズ・デッド），NTT出版，二〇〇五年。

3 「開放原始碼」指的是將商業軟體通常不對外公開（proprietary）的程式原始碼，開放給其他開發者共享的概念，尤其是統稱公開化這件事的許可證（軟體的使用許可條件）。包含「Linux」與網路伺服器「Apache」在內的許多網路支援技術，都因採行了「開放原始碼許可」而備受關注，成為至今為止網路上創作合作的代表例子。開放原始碼並不意謂著作權者「放棄」了所有權，而是開發者、共同開發者與使用者等，藉由許可來締結「契約」，這點很重要。此外，開放原始碼許可有很多種類，如「MIT許可」、「BSD許可」、「GPL」（GNU General Public License）等，而每種許可的內容都不同（從嚴格限制到寬鬆規範，其實很多元），背後的思想也各異。至於把這些許可統稱為「開放原始碼」的，是以《大教堂與市集》的作者雷蒙（Eric Steven Raymond）為首，於一九九八年成立之「開放原始碼促進會」（Open Source Initiative）。

4 維基百科（Wikipedia）是由使用者義務編寫的線上知名免費百科全書，二〇〇一年時，開始編寫英語版，到了二〇〇八年已收錄了全球兩百六十四種語言。由於採用維基（Wiki）這種CMS（內容管理系統），基本上，任何人都可以編寫與撰述文本內容。但無論質或量上，維基常被評為不遜於市面販售的百科全書，因此與開放原始碼，是常被並列為網路共同合作的代表範例。不過維基也獲得了極端讚毀，關於其內容的錯誤率與品質低下之事常遭人批判；此外，也陸續發生了不同讀者在編輯方針上產生衝突的「編輯對抗」。再加上也有企業在維基上「自導自演」的編撰內容，因此也常被拿來代表網路的缺失面。

5 在關於開放原始碼與維基百科的共同點上，參考了「眾人的智慧」（The Wisdom of Crowds）、「集體協作」（Mass Collaboration）與「共同生產」（Commons-based Peer Production）等概念。參考文獻依序為索羅維基（James Surowiecki）《眾人的智慧》。唐・泰普史考特（Don Tapscott）、安東尼・威廉斯（Anthony D. Williams）《維基經濟學》（*WIKINOMICS*）。班克勒（Yochai Benkler），《網路的財富》（*The Wealth of Networks*），Yale University Press，二〇〇七年。

6 「很多彈力球從山坡上滾下」的ＣＭ，是Sony於二〇〇五年時，為了「BRAVIA」所做的廣告（當初未於日本播放），後來在YouTube上出現了許多在自家樓梯等場所模仿的影片。而「可樂曼陀珠」（Mentos Geyser），則是由EepyBird二人組所製作的某種「噴泉表演」影片。他們利用在可樂的寶特瓶內，加入曼陀珠搖晃後產生可樂大量噴出的現象，製作了影片。而這部影片一在影片共享網站「Revver」上公開後，立刻有大量模仿作品被上傳，引發流行。美國曼陀珠公司也因此正式邀請「可樂曼陀珠」的這個二人組，幫他們製作續集。

7 在本文中，拿來做為NICONICO動畫上「N次創作」之例的〈『NICONICO動畫』組曲〉，一開始是將NICONICO動畫上受歡迎的動漫、遊戲與初音未來曲子，組合成混音歌曲。而後，用戶在畫面上又加了歌詞跟一大堆回應。接著，又上傳了搭配卡拉ＯＫ歌詞的影片，繼而又出現了「聽來像日文的歌詞」及「改編歌詞」等回應及影片。後來，出現了用戶「自己唱版」，接著又有人把這些「自己唱版」編成了合唱版。然後又出現以鼓或吉他等樂器演奏的「演奏版」，也有以歌曲角色或手繪插畫、動漫來表現的「MAD影片版」及「PV」。如此一般，一個作品不僅被當成了基礎，來衍生出其他作品（二次創作），被衍生的作品（二次創作），更進而成為下一件作品（三次創作）的單元（module），而三次創作的作品又再次成為下一件……，這一連串過程便可稱為「N次創作」。

8 〈VIP★STAR〉是以歌手平井堅的〈POP STAR〉為底，在2ch「新聞快報（VIP）版」上創作的歌詞改編版。曲中出現許多「大笑一兆倍」、「那是色情遊戲嗎？」、「對對對：對個大頭喲w」等VIP版特有的語言，由於唱這首改編曲的kobaryu歌聲酷似平井堅，因此在網路上造成轟動。

9 〈鳥之詩〉是二〇〇〇年發行的暢銷成人遊戲「Air」的主題曲。

10 「有限合理性」是由美國兼具了經營學家、認知科學家與系統理論家出名的赫伯特·西蒙（Herbert Alexander Simon）提出之概念，指的是人類想（像經濟學設想的一般）做出「合理」行為，但受限於認知能力的有限（認知界限），因此，合理性會受到限制。西蒙認為，因為人有這種有限合理性，所以就設計與架構了企業組織這種人工產物，透過其支援，來進行高度合理的決策行為。筆者承此影響，所創造出來的「有限客觀性」這個字，指的則是在資訊社會裡，人類雖然常對「客觀」基準有所需求，但由於社會受限於「多元價值」，因此最後這種客觀性僅只有限。

11 東浩紀、加野瀨未友等，〈靠壞話聯繫起來的自由——連結的社會性這種日本式欲望〉，《ised@glocom（關於資訊社會的倫理與設計之跨界研究）》倫理研第四回共同討論第二集（http://ised-glocom.g.hatena.ne.jp/ised/07110514）。

12 速水健朗，〈何謂手機小說的「真實」？〉，《把狗蓋起來！》，二〇〇七年（http://www.hayamiz.jp/2007/11/post_4dfc.html）。

13 《戀空》書籍版下冊第二十一頁／《我的魔法島》版，前篇第三八〇頁後。文中段落引用自《我的魔法島》。比較這兩種版本，會發現書籍版經過了許多編修，但本章所引用的段落在這兩種版本上並沒有特別大的差異，因此在文內不多做區別。另外，原本文章中的換行與空行，基於引用的方便在此適度調整。

14 《戀空》書籍版上冊第五十九頁／《我的魔法島》版，前篇第四十三頁。

15 《戀空》書籍版上冊第十七至十八頁／《我的魔法島》版，前篇第七頁。

16 《戀空》書籍版上冊第一〇七頁／《我的魔法島》版，前篇第八十八頁。

17 《戀空》書籍版上冊第一五一頁／《我的魔法島》版，前篇第一三六頁。

18 木村忠正，《網絡真實性》（ネットワーク・リアリティ），岩波書店，二〇〇四年。

第8章

該如何掌握自日本繁生的架構？

無法預測的網路未來

到這個章節為止，本書主要介紹了發生在二〇〇〇年後的社群網站進化過程。最後一章，我想從本書以「生態系」來比擬進化過程的這種嘗試中，導出今後的方向。

話雖如此，但我並不是想預測「今後網路生態系將會怎麼進化」。近年來，由於受到Web 2.0的討論風潮漸趨和緩之影響，有些人已經開始討論起了Web 3.0（其中深入討論的書籍，有佐佐木俊尚的《InfoCommons》）。

筆者之所以覺得無法去預測「下一世代的網路生態系」趨勢，並不是因為「聚焦在Web X.0的討論，只是一時熱而已」，理由是在於別的，而那是什麼呢？

因為未來是無法預測的。在我們採行「生態系」與「進化」這種概念模式的當下，就已經立足於這種前提下了。關於這點，第二章也曾提過進化論這種架構，是當我們在面對某種複雜的情況時，把推動變化的原動力視為是「偶然形成」之事。當然，當我們去觀察一個時代或世代的片段，會覺得情況好像是適合環境的「優秀」者得到了生存，並掌握生態系的霸權。可是當那個「環境」又因為其他一些因素而產生了變動，那時又會出現偶然間擁有適合當下變動的新玩家，取而立足於領導地位。從事後的角度來看這些過程，雖然會覺得擁有「優秀」性質或機能的社群網站能得到殘存，可是這一切頂多只是事後之明，絕無法套用到下一個世代上。

更進一步來說，生態系的進化跟平衡是相依相存的，只要缺少了其中一樣，絕對會發生巨大到足以影響整體的意外變動。就像我在「架構的生態系圖」上畫的一樣，進化過程是立足於上一個世代社群網站的基礎上，反覆在同一個世代的社群網站間成長與衰退。既然如此，那我們能做的了解與預測，頂多是把當今的生態系圖拿在手上觀看，儘量去預測「下一個世代」的社群網站會如何開展或會產生什麼樣的相互關係。至於，要對幾個世代後的網路生態系提出預測，如果不是「神」，誰也辦不到呀！

自生自長的網路

另一方面，從前為了要掌握這種令人費解的整體現象，曾以生命現象來加以比喻。例如，我們現在以進化論與生態系來比擬網路及Google的快速成長，並加以理解，高聲批判舊有的企業組織與媒體，在機能上已經不夠完善了。但從前這些大企業組織、工業社會及媒體剛出現時，我們的社會其實是把它們比擬為生命現象。在此不加詳述，不過像「組織」這個字眼，原本就跟「有機體」是同義詞。十九世紀時，赫伯特・史賓賽（Herbert Spencer，一八二〇—一九〇三，英國哲學家）等人提出的社會進化論曾風靡一時，他們將社會當成是有機體（組織），並以血液循環來形容物流及交通，而這些都為人熟知。

再進一步來說，其實像生命現象與自然現象中，也有某種「分工」型態的這種想法，原本可說是人類透過了對人類社會的認知而產生的概念。柄谷行人在其《隱喻的建築》（隠喩としての建築）中，指出下列本末倒置之事。他認為，之所以會出現「螞蟻分工」或「昆蟲社會」這種生態學式的理解，是因為人類社會在觀察時，以這樣的眼光去看待所造成的。被譽為經濟學之父的亞當・斯密（Adam Smith，一七二三—一七九〇，蘇格蘭經濟學家），在觀察十八世紀產業革命時，於英國出現的「工廠」組織後，提出了「分工」概念。而在那之後，沒想到大家居然認為自然現象裡（即便其中不存在具有統一指揮權的掌權者）也有「分工」情況。

在這種認知下可以明顯察覺，認為網路上也有生態系的這種看法，其實根本是建立在層層疊疊的顛倒錯覺上。不過，生態系這種觀點其實不是「謬論」或「錯覺」那麼簡單。例如二〇〇〇年代前期，認為藉由部落格有可能產生新的新聞型態或民主主義的人，就把那當中的機制比擬為「蟻群」等生態裡常見的「突發性秩序」[1]。因為，一隻隻螞蟻就算沒有一個宛如指揮司令般的存在，仍然會以由下往上的方式，來進行充滿了協調性的行動。就像第二章討論過的，我們常以「進化論」這個字，來解釋以Google為主形成的網路環境，並把部落格上的討論以「迷因」的淘汰機制來比喻。但在此應該要思考的，是為何這種比喻方法本身，竟然正是以「迷因」般的存在，通行在近來的資訊社會中呢？

這恐怕是因為（就像從前國家跟企業成長時的情況）在網際網路跟全球資訊網急速成長的同時，我們對於該如何掌握這種巨大又難以捉摸的體系，產生了想以可預知的和諧秩序來理解的需求。就像柄谷行人在前面提到的著作中，曾引用一百六十年前的馬克思（Karl H. Marx，一八一八—一八八三，德國哲學家、經濟學家）等人所說的話。而那段話就把我們現在面對全球資訊網時的心理感受，表現得淋漓盡致。

> 社會的力量，也就是個體透過了合作來創造事半功倍的生產力，對於個體而言，並不是出於自由意志而合作，而是自然形成了這種情況。因此，社會的力量並非以個體的

和聚力出現，而是以帶著某種疏離感、自外於眾人的規範力出現。眾人對於這種力量的誕生與趨向，完全無法掌握，因此這種力量不但不受眾人掌控，還發展了其獨有的一連串情況與轉換過程——而這些，並不受人類的期望與行動左右，反而還賦予了人類的這些期望與行動一個方向。

——馬克思、恩格斯，《德意志意識形態》（*Die Deutsche Ideologie*），一九九六年

我們向來認為，每天在全球資訊網上合作與分工的力量，至少在網際網路史中（藉由網際網路的骨架與開放原始碼的歷史），是由偉大的前人在「自由意志」下進行的。即便到了今日，維基百科與NICONICO動畫這類CGM在蓬勃發展的同時，日夜參與其間分工合作的網民，一定認為其中有他們的「眾力」存在吧！

但如今網路已經普及得如此大眾化，在不知不覺間早已蠢蠢欲欲的巨大成長，形成「自生自長」的情況。不過，只要把網路當成是一種便利的存在來使用，那這就不會是什麼大不了的問題；而我們也能說是因為「疏離」與「自外於眾人的規範力」，讓眾人在某時某刻參與協作，提高了網路的價值，因此現今網路才能變得這麼便利。

但網路上的社群網站，卻每每對著既存的社會與組織、個人，現出它的厲牙。像是「炎上」也好、「狂歡」也好，都不是個人或單一組織足以對抗的情況。在面對這種情況時，我們肯定會再次發現，網路是這麼「疏離」與「自外於眾人的」規範力吧！例如評論家萩上チキ，在形容網路為「好像擁有自我生態系的生物」後，更把電影《駭客任務》中所描述的，以人類為養分的電腦引為比喻。

像那樣，網路遞給人一條可以顯露欲望的線路，它把上線來跟別人交流的「人類」，所打下的字字句句跟傳輸檔案，全當成了糧食吃下茁壯。對它而言，人類不過是網路這個主體要長大時，所需的環境跟養分而已。然而，縱使它的「成長」不受任何一個「誰」所控制，但人類還是被當成了媒介，讓網路繼續用來架構起它的體系。只要一有哪裡出錯，它就讓人類去買零件來修、更新程式，當人類終於又恢復了網路上的交流後，就又被捲了進去，如此這般。網路雖然由人創造，但它脫離人類而獨自茁壯的模樣，可以說是一個「怪物」。

——萩上チキ，《網路炎上》（ウェブ炎上），二〇〇七年

這些話對當初面臨工業社會及國家體制出現的人而言，幾乎完全通用，這點很值得注意。也就是說，把網路當成是生態系來看的這種觀點，一方面意謂著人們以樂觀態度，來看待網路的成長與進化。但另一方面，卻也代表了網路雖然由人所創造，但卻已是不受人控制的外在規範力。

不過，我們沒有必要一直害怕這種無法得知整體樣貌的存在。我們不需要像萩上チキ在前面提及的書中，一直把它當成「怪物」來恐懼，也不需要過於樂觀的讚揚它的可能性。要做的，是去理解這個生態系的「規則」，找出適合它的對應「方法」跟「應用方式」。

去分析進化論式的架構，在相對較長的時間內，所安定存續的架構「機能」與容易引起的聚集現象之「模式」，是相當可行的做法。因為進化論與生態學的論點，並非將一切還原成偶發現象，我們可以在事後去進行機能分析。只要網路生態系日益盤據我們的生活，這種抽取實用「智慧」的作業，今後將愈形重要。

雷席格的思想——公有地

另一方面，對於網際網路及全球資訊網這種難以捉摸的生態系，也有人認為我們可以控制、也應該去掌控。這麼說，大家可能會聯想到主張在未成年者手機上安裝過濾程式，或以DRM（Digital Rights Management，數位著作權管理）來保護網路創作的那些、很早就從網路的出現中感受到「疏離力」的人。的確，這些人也是採取這類態度的人之一，不過為了要守護由網路自由中偶然且自由成長的生態，也有些人認為應該要採取別的控制方式。

提出「架構」（architecture）概念的雷席格，可以說就是倡導這種態度的先驅。他認為，網路不但是任何一個人都能自由連結、進行各種應用程式實驗的「平台」，同時，透過了自由再利用與改變其中的資訊資源（從言論〔文字資訊〕、音樂、影像等數位內容，到程式原始碼等），我們又創造出了新資訊。因此，它也是一種「公有地」。對於雷席格而言，網路所實現的「自由」，便是由這種不斷偶然與自然出現創新的場所，所造成的「效果」與「影響」。

雷席格獨到之處，在於他主張我們的社會，應該要有意識性的去守護網路所帶來的這種自由（自然偶發性）——雷席格的弟子齊特林（Jonathan Zittrain，一九六九—，美國哈佛法學院教授）把這種性質稱為「發生力」（generativity）[2]。

在九〇年代後，對於網路急速成長感到警戒的舊世界玩家們（尤其是政府與媒體、數位內容的相關產業），開始透過了防護程式（filtering）與DRM規範網路的「自由」。對於這一點，許多信奉網路自由的人（網路自由主義者，cyberlibertarian）認為去侵犯網路空間的自由是極需避免的行為，因而加以反抗。網路空間應該是法律規制所不可及的自由區，因此任何「規範」都不應該存在，這就是他們的想法。

雷席格也反對DRM，因為DRM會大幅扭曲網路的「公有地」性質。但另一方面，他也批評「網路空間是（法律規範不應碰觸的）自由領域，什麼也不應該做」的想法太過天真。因為在他的觀點裡，網路之所以能像上述那樣「自由」的「自然發展」，乃因為它是能讓人自由參考與利用的「開放性」架構。

的確，網路空間看來似乎是一個「自由」的場所，而它也這麼發揮它的作用。但這種性質絕非永不改變的「自然本性」，反而會透過架構設計而遭到改變。因此為了守護網路的自由度，我們有必要維持一個永遠開放的架構。而為了達成這個目的，當然要透過法律來規範網路，並且守護它的架構——這就是雷席格的主張[3]。

如上所述，雷席格的思想重點在於，既然大家都認同網路這個孕育出多樣創新的「架構生態系」價值，那麼我們就應該守護它那個支撐著多元「生態系」的「生態系架構」。

不過，這裡有必要認清一點。雷席格這種維護網路自由／偶然性／自由成長的想法，絕非天真的樂觀主義。也就是說，他所抱持的態度並不是網路一定會往好的方向發展。在他的想法裡隱含了因為我們無法準確的預測未來，而大家針對什麼是「好」的觀點也絕不可能永遠一致，所以絕不能消滅這個自由實驗的場所。

這種想法也能以生態系的多樣性來加以理解。例如，當環境因為某些因素而發生了重大改變時，假如那時的基因不夠多元，那麼生物就會面臨存續危機。因此生物總是永遠進行著基因組合與交換，藉此以提高基因的多樣性。這種想法正可以適用在雷席格的觀點上。

海耶克的理論——自發性秩序

上述雷席格對於網際網路的想法，與奧地利經濟學家海耶克的觀點（Friedrich A.

Hayek，一八九九—一九九二）有相通之處。

海耶克以建立了獨特的「自由市場」理論出名，近幾年則被評為是傑出的「網路」思想家。他活躍的那時代當然還沒有網路的存在，但像經濟學家池田信夫就把海耶克在一九四五年發表的論文〈知識於社會之運用〉，介紹為預知了網路世代之作[4]。

> 合理的經濟秩序問題其特有性格，在於並不存在一個將每個人處理需做之事的所需知識，給聚集或統整起來的形態。存在的，只有零散個人所擁有的不完全且時相矛盾的知識片段。而合理經濟秩序的問題，正是在這種情況中被賦予定義。因此，社會的經濟問題不只是如何去分配「被給予」的資源（中略）。比較起來，社會經濟問題是無論對於任何一個社會成員而言，每個人在知道什麼是對自己相對重要的情況下，如何去實現他們所知道的最佳資源利用方式。簡單來說，就是每一個人要如何將所知的有限而不涵蓋整體的知識，予以應用的問題。
>
> ——海耶克、田中貞晴，《市場．知識．自由》，一九八六年

海耶克向來以強烈批判「社會主義」與「計畫經濟」聞名。他認為，在那樣中央集權式的經濟體系下，（希望）統管社會整體的官僚，雖然想將資源有效分配，但其實不可能達成。比方說社會哪裡資源不足或過盛、每個人需要的程度如何的這類資訊，在一個複雜的社會中只能以「分散的零碎片段」來存在，絕無法被完全統整出來。因此，如何有效分配資源的這項問題，絕非如回答考題一樣明快的就能「作答」。

既然如此，那應該怎麼辦呢？海耶克認為，協調的作用其實會由自由市場來完成。自由市場僅藉由「價格」這項參數，就能讓各主體自由的（自律、分散且協調）行動，從而達成有效分配資源的結果。雖然，自由市場本身無法像中央政府般，能將每個人需要什麼的知識片段給統整起來，但透過了提示價格參數，能把「如何讓每個參加者正確行動，所必需的知識」項目減至最少。海耶克把自由市場的這種特質，比喻為「遠距傳訊系統」。

無論是知名的維基創辦人吉米・威爾斯（Jimmy D. Wales，一九六六—），或以《網路會顛覆民主嗎？》（*Republic.com*）等著作聞名的憲法學家凱斯・桑斯坦（Cass Sunstein，一九五四—），都曾將海耶克的自由市場（價格系統）拿來與部落格及維基類比。而池田信夫也指出，這種理論令人聯想到網路與Google的生態系[5]。只是，

Google與自由市場不同處，在於使用了網頁排名這項不同於「價格」（貨幣）的指標。而它，也看似達成了比美理想「中央政府」的「神的觀點」（梅田望夫）。不過，就像第二章談過的，Google並未「統整」起每個人的知識，將其還原成簡單的「課題」。從它只追蹤使用者的搜尋活動這點來看，我們可以說，它比較接近「自由市場」而非「中央政府」。

海耶克的這種理論，常被認為是像「看不見的手」（亞當・斯密）般，過於信仰事物一定會如預測般的發生，因而遭人否定（這點完全跟雷席格一樣），但海耶克對於自由市場的機能與效果之看法，絕非過於樂觀。

依海耶克來說，市場（價格系統）純粹是「人類在不知情下，偶然發現且利用後所形成的產物」。那雖然是人類社會所創造出來的產物，但卻完全是在偶然的結果下形成的。而對於那些嘲笑這「偶然性」，並主張要利用別的理性資源分配法或分工法的人，海耶克這麼說：

那些嘲諷我所謂真相正如我此刻所言的人，時常諷刺並扭曲我的主張，認為我說的是近代文明在某種近乎奇蹟的情況下，自然發展出了最合適的體系。但其實情況恰恰相反。人類因為偶然間發現了分工方法，所以才會發展出構成文明基礎的分工。假使人類未曾發現實現分工方法的可能性，那麼人類也許會發展出完全不同的文明，**一種宛如白蟻「國家」般的文明**，或甚是我們想像不及的文明。我們所能說的只有至今為止，誰也不曾成功設計出一套（尤其是對於現存體系抨擊得最猛烈的人而言，更顯得重要的）能在某種程度上，維持現存體系相當特徵（中略）的替代系統，僅此而已。

——海耶克、田中貞晴，《市場．知識．自由》（重點為筆者標示）

只要現況是不可能在人類社會中，創造完全中央集權式的資訊體系，而其他替代系統又尚未出現，那麼今後我們依然得仰賴偶然間發展出的「自由市場」體系。這被海耶克稱為「自發性秩序」。海耶克晚年時更以呼籲藉由法律制度及議會制度，來善加管理與推動的主張而聞名。

海耶克一方面是主張自由市場的「自由主義者」（libertarian），一方面又強調控管，因此時常被指責為自相矛盾。但我想，海耶克這種做法的背景，可以說是建立在對市場的「雙重」看法上。他在機能上讚揚自由市場做為「自律、分散型」資訊傳輸體制的功能；而在歷史觀點上則接受自由市場的「偶然性」（自然成長性）。他的這種態度也許能稱為是「遞迴式自由主義」。

不管如何，在上述引用的海耶克文章中，不可忽視他用了「白蟻『國家』」這個詞彙。雖然這純粹是偶然而已，但就像筆者介紹過的，人們在網路上的「分工」也常被比擬為「蟻群」。當然，網路誕生後的年歲遠較自由市場來得短，也因此現階段還無法強調「網路這種存在找不到其他的替代品」。而至今為止網路只不過是以前所未有的低成本，「替代」了書信、電話、電視、廣播、報紙、書籍、雜誌、留言版與百科全書……等傳統媒體與各種資訊載體。但也因此我們能說今後網路的真正價值，就在於如何透過架構的實驗，來孕生出「找不到其他替代品」的存在，不是嗎？

出現「落差」的日本架構

當我們以生態系來捕捉網路的情況時，以上對於雷席格與海耶克的考察，幫我們引導出了重要方向。但現在有個重要的問題還沒解決，就是這種特意保護（雷席格的網際網路、海耶克的自由市場）「自然成長性」的立場，其實在日本難以成立[6]。

因為就像先前看到的，雷席格等人認為網路的「自由」本質，是建立在架構對「自然成長性」的開放特點上。也因此他們認為有必要去維護這種自由且自然的「生態系」。到此為止大家應該都可以了解。那麼這種網路的開放性特質（在應用程式上再發展出新應用程式的自由）也在日本，接連誕生出匿名留言版2ch、SNS的mixi與影片共享網站NICONICO動畫等，屬於日本獨有的社群網站。

可惜，正如本書不斷提及的，尤其是對於信奉網路「自由」與「理念」的人而言，這些服務往往是難以正面肯定的。在那些期望日本網路上能架構起真摯、清朗、進行「言而有物」議論的公共空間（不管是稱為「總表現社會」或「草根民主」、「電子公共圈」）的人眼裡，上述這些社群網站不過是阻礙「理想」的存在。

但一言以蔽之，正因為網路是自由多元的生態系，所以在日本才會自然的出現這些可稱為「反理想」的架構。換言之，在日本，網路的「自由」與「自然成長性」給予人的印象，並不是（像美國雷席格所闡述般）呈現完美的重疊，反而在這兩者間夾雜了「落差」。而這個「落差」的存在，至少對於九〇年代後的日本網路討論史形成了陰影。

譬如在第三章曾提過，梅田望夫祝福以消費者為主體的「總表現社會」到來時，被他提及能實現理想的是「部落格」。但「2ch」這項在「消費者參與型媒體」上，擁有與部落格相同條件的服務，卻完全被屏除在他的言論外。從他的這種排除表現中，能看出「落差」對於日本討論資訊社會與網路的人所造成的影響。進一步而言，Web 2.0這個字彙在日本是被當成了「總算在提到網路時，不用把2ch也算進去」的這種隱涉性含意。我想，這麼說絕不為過。

但我並非在批判這種情形。因為只要對日本至今為止的網路情況有幾分了解，就會覺得把「2ch」從理想的網路服務中剔除，是極為「合理」且「自然」的判斷。問題是，讓人們這麼感受的這種情況本身，當我們在考慮日本這個場域的網路與社群網站情況時，會把我們以「生態系」或「自然成長性」來認知的模式，拖累得「不上不下」。

例如在介紹海耶克的段落時曾提到的池田信夫，就在別的場合以海耶克的「自發性秩序」為佐證（雖然基本上，他對於海耶克理論的價值完全不認同而採取保留態度），表示如果要從「2ch」上學習網路服務的成功方法，那就要學習它提高「自由度」的特點[7]。

要允許「錯誤」、要提升「自由度」；也就是要保護「發生力」。池田如此闡述社群網站的設計要點後，又保留的表示「當然，為了不要淪為2ch那種無政府狀態，採取最低限度規則是必要的措施」。

但另一方面在本書中也看到了2ch完全像突變結果般，一路成長茁壯、延續至今的「進化史」。也正因如此，想必有許多人覺得，為了不讓今後的日本網路空間淪為2ch式的「無政府狀態」，應該要設定「最低限的規則」吧！可是，究竟要怎麼做呢？

舉例來說，西村博之在面對外界對於2ch匿名性的批判時，回應如下。他表示，不管從某些理念來看，匿名性在規則上有多「不正確」，只要大多數日本網路的使用者覺得匿名性身分「合理」而選擇了這種做法，那麼那些搖頭擺腦否定不停的批判根本就毫無意義[8]。

在與部落客中島聰的對談上，西村又如此表示：「那些用真名寫部落格的人，如果不是自信過人，不然就是頭腦簡單，一定是這兩種的其中之一。」當然這是非常西村式的挑釁法，但如果讓筆者補充說明，其實他指的是背負著被匿名人士批判的風險，以「個體」身分於網路發言的人，如果不是冀求能得到超出風險的好處，不然就是對於風險很愚鈍。

由於在日本的網路空間上，2ch已在某種程度上成長成巨大規模。因此披上匿名隱身衣就成了某種「標準策略」。在日本的網路空間中，除非對於回歸「個人」身分的利弊能自覺性的加以「運用」，否則對使用者而言，匿名當然是最「合理」的選擇了。而西村在此表示的，其實就是在日本，情況宛如是「進化遊戲」的均衡取向般，人們選擇了匿名性的社群網站。

可是西村，讓人把這種選擇當成合理的，不就是你嗎？當然也存在著這種反駁聲浪。既然如此，只要西村不見了，2ch應該也不會存在吧？很自然的，許多人產生了這種想法，而像池田在先前引用的文章中，也表示西村有可能像活力門的崛江貴文一樣，被公權力從社會上抹除。

西村對於這些某種形式上的「暴力」話題，以下面的比喻來回應⁹。如果「西村博之」這個主體，因為某些理由而無法再繼續經營2ch，只要仍有人需要這樣的場所，就一定會在其他地方出現2ch式的空間。

意思是如果修法讓匿名性架構不准在日本國內存在，那麼至少國外伺服器在目前還不歸日本管（其實從現況來說，2ch的實質伺服器並不在日本，而在海外。當然，如果要阻斷連到海外的伺服器，有很多手段可以實施，但這裡先不考慮這種可能性）。所以就算眼前把「西村博之」這個經營者給除掉，只要人們還有需求，2ch式的匿名性空間就還會繼續存在。相反的，西村博之至少是能當成對話對象的一個日本人，由西村來經營，對於當權者而言，比讓2ch變成無人可管的野生地帶要來得實際，所以2ch不能擊潰。以上這種可說有點「悚然」的顧盼瞻望，就從西村口裡大言不慚的娓娓道出。

不過，這些話聽在很多人耳裡應該會覺得他也「太樂天了」，而西村自己也這麼認為。他常公開表示，經營2ch「只是興趣」、「就做到膩了為止」，他這麼片言立決的說。

但筆者認為，西村說的這些話絕不能當成是妄言胡說來隨便聽聽。因為從本書對於日本特有的社群網站進化史之分析，讀者可以很清楚看出，孕育出2ch的日本社會「集團主義」性質，已經反反覆覆不知道出現過多少次了。

該如何掌握自日本繁生的架構？

架構自日本的土地上繁生而出，我們該如何去掌握這種現象？雖然我們想以「生態系」來理解社群網站，但抱持的態度又不夠徹底，結果，對於自然出現在日本的架構真面目，看得一遮半掩。難道我們只能這樣半途而廢嗎？

最後，對於這個問題，我想提出兩點回答。

其一，我們原本就不需要把美國網路社會的做法，當成是唯一普遍的價值。關於這種立場，已在第二章討論生態系「相對主義」時提過，請容我再度以別的方法來陳述。

關於網路與資訊社會的理想模式，至今為止，我們一直把美國的情況當成是「唯一」指標來學習。由於網際網路是從美國輸入的結構，於是，同時間我們也把對於理想網路的介紹，原封不動的從美國輸入。因此愈是對網路抱持理想的人，愈容易對美國網路上發生的情況不能發生在日本的這種落差，感到焦躁與無助。

但就像社會學家佐藤俊樹在《諾伊曼之夢・近代欲望》（ノイマンの夢・近代の欲望）中指出的，網際網路的自治開放性質，可以看成是成立在美國自治社會、契約社會與共和制的「傳統」（如果這種說法太強烈，也可說成「習慣」）上。也就是說，在網際網路出現前，就已經先存在了自律、分散與協調的個人主義社會風氣。而佐藤更顛覆「技術能改變社會」（技術決定論）的看法，表示是「社會決定技術」（社會決定論），他極具說服力的陳述論點。

若果如此，那光把網際網路這種通訊技術或部落格等社群網站給「移植」到日本社會，就冀望日本能突變為美國式的社會是不可能的事。反而是在日本這個場所裡，自然出現了日本式的社群網站，可以說才是「正確」的過程。不管2ch也好、mixi、Winny或NICONICO動畫都好，這些都是因為日本社會的特質與架構間出現了「磨合」（適應）情況，所以才陸續出現與成長至今。

而這些進化過程，不是能被視為網路多元生態系的其中一種方式嗎？至少，我們不需要把以Google為主的網路現況當成是唯一的生態系。當然，就像很多人仍在思考的（雖然本書中完全沒提及社群網站的商業面），在日本網路生態系裡，因為少了Google這種能提供「金錢循環」的「生態系要素」[10]，所以才會出現「發生力」相對較「弱」的情形。可是即便如此，Google仍不是唯一的解決之道。我們能說正因為日本在尋求有別於Google的解決方式，所以其他的進化大道也因此對我們開展。無論日本本地出現的社群網站看起來有多麼「半調子」、有多像「加拉巴哥式」，我們也唯有從這樣的基礎上，去尋找下一步進化的通行證。

這第一項回答並不是說我們對於日本出現的社群網站就真的無力可為。答案當然相反。那麼，如果我們期望或多或少的「提升」這些社群網站，該怎麼做呢？另一項回答，就跟這個問題相關。

到目前為止，我好像把「日本社會」的性質描述為絲毫不可動搖的實體，然後又認為這種性質反映到了社群網站的進化上。剛剛我還引用過「社會決定技術」，不過就如同佐藤俊樹在別處呼籲大家注意的一樣[11]，「如果覺得技術決定論很荒謬」，那麼，相同道理，我們也能說「社會決定論也很怪」。因為社會真的有那麼頑固嗎？而技術與社會又真的可以一刀劃下、兩相分明嗎？

舉例而言，就算是本書數度提及的「連結的社會性」，被這種性質推動的，現在也不僅限於日本社群網站的進化。例如在二〇〇七年到二〇〇八年間，受注目的美國社群網站裡，就有Facebook、Twitter與「FriendFeed」[12]，而這些服務架構被設計成能在第一時間通知朋友們自己的行動記錄。從這點很明顯能看出「連結的社會性」這種日本的特殊現象，已經慢慢擴展到了世界各地。關於這點本書並沒有詳細討論，但今後應有必要從別的進化觀點，來討論這種「連結的社會性」超越了國境、文化，在網路興起的現況。

此外，本書釐清了另一件事，那就是技術（架構）與社會（集體行動）間會因為密切的連動，而發生轉變過程。比方像mixi就利用了「足跡」這種架構，來強制封鎖因為連結習慣不同，而產生的「擅自連結」糾紛。至於Winny則把鄙視「給我小白」、尊崇「神人」的常規，以「cache」的架構手法來移除，讓P2P上出現公有地。NICONICO動畫也對「狂歡」後必然到訪的「狂歡過後」問題，由「類同期型架構」創造出「永遠狂歡」的情形，予以化解。就這樣的，社群網站的進化過程可以記錄成是把上一代與其他環境的社群網站，透過「習慣」及「規範」所達成的社會行為，由「架構」來轉換為「規則」（創造秩序）的過程。

相反的，「架構」則在無意間，形成了創造新「規範」與「習慣」的另一面。像2ch的「.dat歸檔」及「匿名」特性，就推動了社群的流動性，也誕生出以「拷貝貼」來傳遞與共享資訊的習慣。此外，本書中雖然沒有詳述，但NICONICO動畫有許多介面及機能，都被用戶創造出了意想不到的使用法。這些可說就是架構在偶然間孕生出社會秩序的例子。

社會創造出技術的架構，而技術又形塑出社會。在社會與架構間，存在如此複雜緊繞的回饋循環。也就是說，以「椅子做硬一點，就可以提高客流」的單純邏輯，已經沒辦法從情況中，淬取出架構設計及效果的法則。本書所闡明的，是架構在規範、法律、市場及文化等其他要素的交互作用下，所產生的進化過程。上述看到的這些架構與社會各系統間產生「共進化」的現象，今後相信也會繼續出現在我們的社會裡。

一般認為受到U化趨勢（ubiquitous，意指數位生活無所不在）的影響，今後網路將會更浸透到社會上的各個角落。而到了那時，搞不好（筆者在此想故意預測一下未來）我們會建築起mixi般的都市空間與集合住宅、架構起Winny式的物流與再分配系統，然後，在現實空間貼上宛如NICONICO動畫的回應（「NICONICO現實」[13]）。當然，這並不是意謂著這些一定比現今社會「更好」、「更進步」，但至少我們應該都期望它變得「更好」。屆時我相信本書的案例分析，在設計架構、使其普及與偶爾批判時，肯定能成為提供見解與智慧的線索。

——更甚者，透過滲透到社會各角落的架構之進化與設計，我們想改寫日本的社會習慣應該不是件不可能的事。而這種說法應該會被海耶克批判為惡劣的「社會建構主義」（或「設計主義」）吧！又或者會被嘲笑為名符其實的「白蟻之『國』」。當然，我們絕不應輕率的做起這樣的春秋大夢。甚至要聽見雷席格敲響的警鐘，對於某些人是否正祕密進行著這些計畫，時刻都要保持警戒。

這種保留態度，我想是不虞匱乏的，但在此我想做的提案，是試著把「生態系」這種認知模式的適用對象，從「網路」擴大到「社會」。因為「社會」原本就應該比網路複雜得多，也是由更多玩家組成的生態系。

如果我們能這麼做，就能再度通往偶然多元的進化。而我們可以拿著架構這種新道具，去開創出前往進化的通道。現在許多人都認為，只要藉由某種遠景或協定就能讓社會產生轉變的想法，已經很難再出現在我們的時代了。而筆者也做如是想。當時機來到，我們可以藉由設計架構來「駭」進社會。而這種可能性，至少對筆者而言絕非只是樂天派的想法。

1 參考文獻如下：霍華德・瑞格德（Howard Rheingold），《聰明行動族》（*Smart Mobs*）。伊藤穰一，〈Emergent Democracy〉，《*GLOCOM Review*》，國際大學全球交流中心，二〇〇三年（http://www.glocom/ac.jp/odp/library/75_02.pdf）。

2 喬納山・齊特連（Jonathan Zittrain），《*The Future of the Internet and How to Stop It*》，Yale University Press，二〇〇八。

3 雷席格所倡導的這些活動獲得了廣泛支持，但也不能說是完全成功。事實上，他在發現了這些觀點的侷限後，便從第一線的著作權活動退下來，現今主要致力於改善政治（議會）的陳腐問題。勞倫斯・雷席格，〈必讀：今後的十年〉，《Lessig Blog（JP）—CNET Japan》，二〇〇七年（http://japan.cnet.com/blog/lessig/2007/06/22/entry_10_2/）。

4 池田信夫，〈海耶克與網際網路——自律分散的思想〉，《春秋》二〇〇八年五月號（http://www003.upp.so-net.ne.jp/ikeda/shunju.html）。此外，本文中引用的海耶克文章，並非取自池田所參考的春秋社全集版，而是參照Minerva書房出版之《市場、知識、自由》（一九八六年）。

5 參考自下列兩篇文章。凱斯・桑斯坦（Cass Sunstein），〈資訊的彙集：海耶克、部落格、前往更前方〉，《Lessig Blog（JP）—CNET Japan》，二〇〇五年（http://japan.cnet.com/blog/lessig/2005/07/20/entry_blog_18/）。池田信夫，〈海耶克〉，《池田信夫blog》，二〇〇六（http://blog.goo.ne.jp/ikedanobuo/e/7c0b4ef108led5510b997a2d3ec377e7）。

6 關於雷席格的論點（策略）難以在日本成立的事，已經引發了各種討論。例如鈴木謙介就曾指出，由於日本「憲法意識」薄弱，所以雷席格根據「憲法記述」，強力反對著作權強化的這種立場，難以於日本成立（〈往後的網際網路社會〉，收錄於宮台真司、鈴木弘輝編著，《二十一世紀的現實》，Minerva書房，二〇〇四年）。另外，白田秀彰也曾撇開日本情況，僅就原理來檢討雷席格「以法律保護架構」的策略，今後是否得以成立（〈資訊時代的保守主義與法律家的責任〉，《ised @glocom〔關於資訊社會倫理與設計之跨界研究〕》倫理研第二回，二〇〇五年〔http://ised-glocom.g.hatena.ne.jp/ised/20050108〕。）

7 參考池田信夫〈生意人該跟2ch學的事〉，《池田信夫blog》，二〇〇七年（http://blog.goo.ne.jp/ikedanobuo/e/16d34ed43d9cd8a5a20743d93e1f8ca9），及〈自發性秩序〉（http://blog.goo.ne.jp/ikedanobuo/e/0ae1ffbda6586ba9e9ac6995a925aa84）。

8 中島聰，《待客經營學》（おもてなしの経営学），アスキー新書，二〇〇八年。

9 西村博之，《為何2ch不死？》（2ちゃんねるはなぜ潰れないのか？），扶桑社新書，二〇〇七年。

10 馬可・伊恩希提（Marco Iansiti）、洛・雷文（Roy Levien），《拱心石優勢》（*The Keystone Advantage*）。

11 佐藤俊樹，《千禧年代的差別遊戲》（〇〇年代の格差ゲーム），中央公論新社，二〇〇二年。

12 「FriendFeed」是由原Google職員開發的網路服務，於二〇〇八年二月正式發表。這個服務可以讓同一使用者在部落格、Twitter、YouTube等網路服務上的「活動」跟「行動」，統整由一個信息流（stream）來發出。這項服務之所以會引發討論，起源於二〇〇八年舉辦的「S×SW」活動。這項活動曾在二〇〇七年時，把Twitter推往眾人的焦點所在，而同樣服務（SNS×實況服務）能連續兩年引起話題，我想在討論「連結的社會性」於美國興起的情況時，是項重要線索。

13 筆者從前曾把這種想法稱為「NICONICO現實」。濱野智史，〈由NICONICO動畫與ＡＲ（擴增實境）技術所實現的所謂「NICONICO現實」之未來〉，《CNET Japan》，二〇〇八年（http://japan.cnet.com/news/commentary/story/0,3800104752,20370895,00.htm）。

後記

突然一開始就提這些，大家可能以為我要幹麼，不過我想來談一下電腦遊戲。過去這一年間，日本跟美國都出現了以「生態系」為主題的遊戲。一個是《Sopre》，另一個則是《勇者別囂張》。前者由以開發出《模擬城市》（SimCity）出名的威爾．萊特（Will Wright）所設計，內容模擬生命（細胞）誕生到文明社會的形成，其實是個跨越了數十億年歷史的壯闊遊戲。

另一方面，後者則把從前模仿「生態系」的程式遊戲化，套上了《勇者鬥惡龍》的這種「勇者對戰魔王」的世界觀。不過，不同於一般的RPG遊戲，這個遊戲的玩家與魔王站在同一陣線，設計迎戰勇者的地底迷宮（dungeon）。靠著迷宮的設計，能把怪物間的「食物鏈」緊緊連繫，創造出更強的怪物生產機制。

雖然同樣是模仿「生態系」的遊戲，但在日本跟美國卻產生了這麼大的內容差異，這件事讓筆者覺得很有趣。讓我先把話題繞遠一點，從前在《物種起源》中倡導進化論的達爾文，因為闡明了生命不是由神（造物主）設計的觀念，結果掀起了一場宗教巨浪。但現在人類卻把從前認為可能是神設計的生命史，放在電腦上模擬。同時，日本也把「生態系」的模式套上了既有的故事類型，然後去更改模擬的方式。

在這裡，一邊是創造出以Google為主的巨型網路「生態系」的美國社會，另一邊則是從前在明治時代，由歐美輸入了「社會」觀念與認知模式的日本，這兩者間的差異，即便到了今日，我想仍舊如實的反映了出來。

本書是以筆者從二〇〇〇年上半年，還是大學生的時候就開始進行的一連串研究為主。雖然「研究」這個字眼聽起來還不錯，但其實我就是世人所謂的「網路阿宅」，每天通常都黏在網上好幾個小時。在二〇〇二到二〇〇三年間，我每天都更新自己的部落格「network style」。當時為了尋找寫作題材，每天都在網路上遊來蕩去的。一直到了現在，我還是常一頭就栽進了2ch、RSS閱讀器跟NICONICO動畫裡。

這本書幾乎都在網咖的電腦前寫成。因為那裡沒有我儲存的書籤、也沒有我的程式，完全就是為我量身打造、最適合我的全新資訊環境（architecture）。所以，這本書真的是靠架構來控管的成品⋯⋯。

只是，我這麼一個完完全全的網路阿宅，為何會黏在網路上不可自拔，最後還寫了本書？因為網路讓我覺得存在著「社會性質」的核心。人們在網路上遇見陌生人、互相討論；有時合作、有時互相仇視。擁有不同價值觀的人，就去不一樣的空間玩。有時則擁有共同的價值觀與規範。——至少對筆者而言，網路並非逃避社會的場所，反而是個能讓人赤裸裸的去遭遇社會空間最初形成模樣的地方。

不過，這當然只是我個人的經驗，也因此在這本書裡我儘量去做到客觀的分析。但我還是期望自己個人的經驗能夠盡量體現在本書的字裡行間。

這本書能問世要感謝許許多多人的協助，我無法在此一一列舉來答謝，僅感謝從學生時代起，在慶應義塾大學湘南藤澤校區（SFC）的熊坂賢次研究室、小檜山賢二研究室與國領二郎研究室的眾人，以及筆者曾任職的國際大學全球交流中心（尤其是東浩紀研究室與ised@glocom）的諸位先進。另外，就是我現在工作的職場——日本技藝股份有限公司的眾前輩。尤其是從前在九〇年代結束前，賦予我立志鑽研資訊社會論的契機、之後又給予我各方協助的東浩紀先生，在此謹向他再度致謝。

此外，本書某些章節是以我在《Wired Vision》上的部落格連載〈資訊環境研究筆記〉（http://wiredvision.jp/blog/hamano/）為原稿寫成（第六章與第七章），而我要感謝給我連載機會的（當時）主編江坂健先生。另外也得感謝擔任本書編輯的NTT出版社小船井健一郎先生。其他諸位於公於私曾經或現在對我多所關照的各位朋友，謹容我在此表達謝意。

最後，本書內容是建立在網路上各式討論的「生態系」上，我想這點相當清楚。而書中四處包含著的迷因，希望能飄散到廣大的「生態系」去，四處散落，讓架構的生態系變得更豐富而多采，我如此祈望。

二〇〇八年九月　於常去的網咖

濱野智史

參考資料

青木保，《日本文化論的變貌》（「日本文化論」の変容），中央公論新社，一九九〇年。

東浩紀，《動物化的後現代》（動物化するポストモダン），講談社現代新書，二〇〇一年。

東浩紀，〈網路空間這名稱是怎麼來的？〉，收錄於《資訊環境論集》（情報環境論集東浩紀コレクション），講談社，二〇〇七年。

東浩紀，〈資訊自由論〉，收錄於《資訊環境論集》，講談社，二〇〇七年。

東浩紀，《遊戲式真實的誕生》（ゲーム的リアリズムの誕生），講談社現代新書，二〇〇七年。

東浩紀、濱野智史監修，國際大學全球交流中心東浩紀研究室製作〈理解資訊社會的二十個關鍵字〉，收錄於東浩紀《資訊環境論集》，講談社，二〇〇七年。

班納迪克·安德森（Benedict Anderson），《想像的共同體》（*Imagined Communities*），ＮＴＴ出版，增訂版，一九九七年。

馬可·伊恩希提（Marco Iansiti）、洛·雷文（Roy Levien），《拱心石優勢》（*The Keystone Advantage*），翔泳社，二〇〇七年。

池田信夫，《海耶克》，ＰＨＰ新書，二〇〇八年。

梅田望夫，《網路進化論》（ウェブ進化論），筑摩新書，二〇〇六年。

荻上チキ，《網路炎上》（ウェブ炎上），筑摩新書，二〇〇七年。

金子勇，《Winny的技術》（Winnyの技術），アスキー出版，二〇〇五年。

柄谷行人，《隱喻的建築》（隠喩としての建築）（《標準版柄谷行人集，第二冊》），岩波書店，二〇〇四年。

北田曉大，《廣告都市・東京》（広告都市・東京），廣濟堂出版，二〇〇二年。

北田曉大，《對「意義」的抵抗》（「意味」への抗い），せりか書房，二〇〇四年。

北田曉大，《嗤笑的日本「民族主義」》（嗤う日本の「ナショナリズム」），ＮＨＫ出版，二〇〇五年。

木村忠正，《網絡真實性》（ネットワーク・リアリティ），岩波書店，二〇〇四年。

丹・吉爾摩（Dan Gillmor），《草根媒體》（*We the Media*），朝日新聞社，二〇〇五年。

金・克拉克（Kim Clark）、卡麗斯・鮑德溫（Carliss Baldwin），《設計規則》（*Design Rules*），東洋經濟新報社，二〇〇四年。

唐・科恩（Don Cohen）、勞倫斯・普魯薩克（Laurence Prusak），《投資人際「連結」的企業》（*In Good Company*），ダイヤモンド社，二〇〇三年。

國領二郎，《開放性架構戰略》（オープン・アーキテクチャ戦略），ダイヤモンド社，一九九九年。

佐佐木裕一，〈兩種線上社群的雙層結構——RAM與ROM，以及價值觀與架構〉（オンライン・コミュニティにおける2つの二層構造——RAMとROM、そして価値観とアーキテクチャー），《組織科學》，第四十一卷第一冊，二〇〇七年。

佐佐木俊尚，《*Google*》，文春新書，二〇〇六年。

佐佐木俊尚，《*InfoCommons*》，講談社，二〇〇八年。

佐藤俊樹，《諾伊曼之夢・近代欲望》（ノイマンの夢・近代の欲望），講談社選書Métier，一九九六年。

佐藤俊樹，《千禧年代的差別遊戲》（〇〇年代の格差ゲーム），中央公論新社，二〇〇二年。

喬納森・齊特林（Jonathan Zittrain），《*The Future of the Internet and How to Stop It*》，Yale university Press，二〇〇八。

鈴木謙介，《暴走的網路》（暴走するインターネット），EastPress，二〇〇二年。

鈴木謙介，〈往後的網際網路社會〉，收錄於宮台真司、鈴木弘輝編著，《二十一世紀的現實》（21世紀の現実），Minerva書房，二〇〇四年。

詹姆士・索羅維基（James Surowiecki），《群眾的智慧》（*The Wisdom Of Crowds*），角川書店，二〇〇六年。

唐・泰普史考特（Don Tapscott）、安東尼・威廉斯（Anthony D. Williams），《維基經濟學》（*WIKINOMICS*），日經BP社，二〇〇七年。

崔時英（Michael S-Y Chwe），《儀式有何作用》（*Rational Ritual*），新曜社，二〇〇三年。

津田大介，《所以戒不掉WinMX》（だからWinMXはやめられない），Impress Japan，二〇〇三年。

土井隆義，《友人地獄》（友だち地獄），筑摩新書，二〇〇八年。

理查・道金斯（Richard Dawkins），《自私的基因》（*The Selfish Gene*），紀伊國屋書店，增訂新版，二〇〇六年。

中島聰，《待客經營學》（おもてなしの経営学），アスキー新書出版，二〇〇八年。

中野獨人，《電車男》，新潮社，二〇〇四年。

西垣通，《如何在網路社會裡生存？》（ウェブ社会をどう生きるか），岩波新書，二〇〇七年。

西田圭介，《支撐Google的技術》（Googleを支える技術），技術評論社，二〇〇八年。

西村博之，《為何2ch不死？》（2ちゃんねるはなぜ潰れないのか？），扶桑社新書，二〇〇七年。

弗里德里希・海耶克（Friedrich August von Hayek），〈知識在社會中的運用〉，收錄於《市場・知識・自由》，Minerva書房，一九八六年。

約翰・貝特勒（John Battelle），《搜尋未來》（*The Search*），日經BP社，二〇〇五年。

藤本隆宏，《生產系統的進化論》（生産システムの進化論），有斐閣，一九九七年。

藤本隆宏，《能力構築競爭》，中公新書，二〇〇三年。

萬尼瓦爾・布希（Vannevar Bush），〈As We May Think〉，收錄於西垣通編著《做為思想的電腦》（思想としてのパソコン），NTT出版，一九九七年。

古瀨幸廣、廣瀨克哉，《網路所改變的世界》（インターネットが変える世界），岩波新書，一九九六年。

露絲·潘乃德（Ruth Benedict），《菊花與劍》（*The Chrysanthemum and the sword*），講談社學術文庫，二〇〇五年。

班克勒（Yochai Benkler），《網路的財富》（*The Wealth of Networks*），Yale University Press，二〇〇七年。

班雅明（Walter Benjamin），〈機械複製時代的藝術作品〉，收錄於多木浩二《精讀班雅明〈機械複製時代的藝術作品〉》，岩波現代文庫，二〇〇〇年。

本田透，《為什麼手機小說熱賣》（なぜケータイ小説は売れるのか），SoftBank新書，二〇〇八年。

正高信男，《拿著手機的猴子》（ケータイを持ったサル），中公新書，二〇〇三年。

增田聰，〈資料庫、盜版與初音未來〉，收錄於東浩紀、北田曉大編著，《思想地圖（1）》，ＮＨＫ出版，二〇〇八。

馬克思（Karl Heinrich Marx）、恩格斯（Friedrich Von Engels），《德意志意識形態》（*Die Deutsche Ideologie*），合同出版，一九六六年。

美嘉，《戀空》，STARTS出版，二〇〇六年。

宮台真司，《權力的預期理論》（権力の予期理論），勁草書房，一九八九年。

宮台真司、大塚明子、石原英樹，《次文化神話解體》（サブカルチャー神話解体），PARCO出版，一九九三年。

宮台真司、鈴木弘輝、堀內進之介，《幸福論》，ＮＨＫ出版，二〇〇七年。

傑佛瑞·墨爾（Geoffery A. Moore），《跨越鴻溝》（*Crossing the Chasm*），翔泳社，二〇〇二年。

村井純，《網際網路》（インターネット），岩波新書，一九九五年。

安田雪，《創造人脈的科學》（人脈づくりの科学），日本經濟新聞社，二〇〇四年。

山形浩生，《總而言之》（要するに），河出文庫，二〇〇八年。

山岸俊男，《信賴的結構》（信頼の構造），東京大學出版會，一九九八年。

山岸俊男，《從放心社會到互信社會》（安心社会から信頼社会へ），中公新書，一九九九年。

山岸俊男，《被心耍著跑的日本人》（心でっかちな日本人），日本經濟新聞社，二〇〇二年。

山岸俊男，《為何日本的「放心」消逝無蹤？》（日本の「安心」はなぜ、消えたのか），集英社International，二〇〇八年。

吉田純，《網路空間的社會學》（インターネット空間の社会学），世界思想社，二〇〇〇年。

霍華德・瑞格德（Howard Rheingold），《聰明行動族》（*Smart Mobs*），NTT出版，二〇〇三年。

艾瑞克・雷蒙（Eric Steven Raymond），《大教堂與市集》（*The Cathedral and the Bazaar*），光芒社，一九九九年。

勞倫斯・雷席格（Lawrence Lessig），《網路自由與法律》（*CODE*），翔泳社，二〇〇一年。

勞倫斯・雷席格，《公有地》（*The Future of Ideas*），翔泳社，二〇〇二年。

布蘭妲・羅莉（Brenda Laurel），《當電腦像劇場一般》（*Computers as Theatre*），TOPPAN，一九九二年。

國家圖書館出版品預行編目資料

架構的生態系：資訊環境被如何設計至今？/ 濱野智史 作；蘇文淑 譯
– 初版. -- 臺北市：大鴻藝術, 2011.04
304面；15×21公分 --（藝 文化；1）
譯自：アーキテクチャの生態系：情報環境はいかに設計されてきたか

ISBN 978-986-86764-4-2（平裝）
1. 資訊社會學 2. 網際網路

541.415　　100002007

藝文化 001

架構的生態系｜資訊環境被如何設計至今？

アーキテクチャの生態系｜情報環境はいかに設計されてきたか

作　　者｜濱野智史
譯　　者｜蘇文淑
封面設計｜蔡南昇
排　　版｜雞人視覺工作室
主　　編｜賴譽夫
發 行 人｜江明玉
出版、發行｜大鴻藝術股份有限公司｜大藝出版事業部
台北市106大安區忠孝東路四段311號8樓之6
電話：(02) 2731-2805 傳真：(02) 2721-7992
E-mail：service@abigart.com
總 經 銷｜高寶書版集團
台北市114內湖區洲子街88號3F
電話：(02)2799-2788 傳真：(02)2799-0909
印　　刷｜韋懋實業有限公司

2011年4月初版　　Printed in Taiwan
定價320元

ISBN 978-986-86764-4-2